# 自由贸易协定中的环境议题研究

李丽平　张 彬　原庆丹　等著

中国环境出版社 · 北京

**图书在版编目（CIP）数据**

自由贸易协定中的环境议题研究/李丽平等著. —北京：中国环境出版社，2015.2
ISBN 978-7-5111-2241-4

Ⅰ. ①自… Ⅱ. ①李… Ⅲ. ①自由贸易—关系—环境保护—研究 Ⅳ. ①F741.2 ②X

中国版本图书馆 CIP 数据核字（2015）第 018543 号

**出 版 人** 王新程
**责任编辑** 赵 艳
**责任校对** 尹 芳
**封面设计** 宋 瑞

---

**出版发行** 中国环境出版社
（100062 北京市东城区广渠门内大街 16 号）
网　　址：http://www.cesp.com.cn
电子邮箱：bjgl@cesp.com.cn
联系电话：010-67112765 编辑管理部
010-67121726 生态（水利水电）图书出版中心
发行热线：010-67125803，010-67113405（传真）
**印　　刷** 北京市联华印刷厂
**经　　销** 各地新华书店
**版　　次** 2015 年 3 月第 1 版
**印　　次** 2015 年 3 月第 1 次印刷
**开　　本** 787×1092 1/16
**印　　张** 9.5
**字　　数** 193 千字
**定　　价** 48.00 元

---

# 前 言

自世界贸易组织成立以来，自由贸易协定蓬勃发展并在全球遍地开花，截至2014年6月，向世界贸易组织报告生效的自由贸易协定已有225个。其中，包含环境议题的自由贸易协定占自由贸易协定总数的85%以上。自由贸易协定中的环境议题是指自由贸易协定正文文本、附件、附属协定中所涉及的与环境、可持续发展等相关的条款和内容。自由贸易协定中的环境议题与电子商务、政府采购等共同被称为"21世纪经贸议题"。近年来，自由贸易协定中涵盖环境相关内容已经成为新常态：一是，自由贸易协定很多条款涉及环境内容成为新常态，自由贸易协定的序言、服务、投资、技术合作、卫生与植物卫生措施、技术性贸易壁垒、政府采购等条款都包括环境内容，一个自由贸易协定中环境条款数量可达24项（即使这里环境章节只作为一个条款，而环境章节中最多又可多达20余条款）；二是，自由贸易协定设立单独环境章节成为新常态，与服务章节、投资章节等并列，现已有30个已实施的自由贸易协定中包含独立的环境章节；三是，自由贸易协定环境内容和性质从原则性表述走向具体和义务约束成为新常态，越来越多的自由贸易协定涵盖了具体的环境合作条款以及环境争端解决机制的内容。自由贸易协定的环境章节中包含专门争端解决机制条款的约占78%。

而且，在美国、欧盟、加拿大、新西兰等强力推动下，与这些国家签署自由贸易协定的贸易伙伴也开始逐渐接受在自由贸易协定中设立条款和环境章节，形成类似"轮轴—辐条"体系不断向全球扩展。例如，在和美国、欧盟分别签署自由贸易协定后，韩国在和其后来的贸易伙伴签署自由贸易协定时都极力推动设置单独的环境章节。另外，目前在美国主导谈判的、也是代表未来自由贸易协定发展方向的《跨太平洋战略经济伙伴关系协议》中，环境议题的谈判也是各方关注的焦点。总而言之，自由贸易协定中设置环境条款的发展趋势是向涉及面更广、内容更多、标准更严等方向发展。

自由贸易协定包含环境议题是逐渐形成的，原因也是多方面的。首先，很多理论和实证研究证明贸易和环境之间存在相互作用的关系，使人们认识到需要采取措施协调其关系。这是在自由贸易协定中设置环境问题的重要基础和前提。其次，《21世纪议程》《里约宣言》《关税与贸易总协定》《世界贸易组织》等重要文件或贸易协定中都涉及环境与贸易相关说明或条款，这是自由贸易协定中设置环境议题的重要法理依据。而美国、欧盟等国在贸易法案或可持续发展战略中明确提出的“……确保贸易与环境政策相互支持，寻求保护环境和国际合作的方法，优化使用世界资源……”等规定则是自由贸易协定中设置环境条款的“助推剂”。此外，在自由贸易协定中设置环境条款还有各国政治、外交、经济等多方面考虑，也是重要影响因素。

在中国，十八届三中全会通过的《中共中央关于全面深化改革若干重大问题的决定》明确提出“加快自由贸易区建设……加快环境保护、投资保护、政府采购、电子商务等新议题谈判，形成面向全球的高标准自由贸易区网络”。结合上面的国际形势和背景，可以说，对中国而言，不论是现在还是将来，在自由贸易协定中设置环境条款或单独环境章节已经不是要不要谈的问题而是如何谈和怎么做的问题，它是我国构建面向全球的高标准自贸区网络的关键环节。不仅如此，从环境方面而言，中国在自由贸易协定中设置环境条款和章节还是从根本上解决环境问题的重要途径，是落实生态文明建设与经济建设、政治建设、文化建设、社会建设“五位一体”总体布局的具体体现。根据相关研究，中国目前的环境形势依然严峻。在中国加入世界贸易组织后十年，贸易所带来的隐含废水、二氧化硫、烟粉尘等污染物量排放占中国该类污染物同期全部排放量的25%～40%。因此，必须将环境政策和贸易整体综合考虑，促进环境与经济融合，在自由贸易协定中设置环境条款是从源头避免贸易对环境影响的具体举措。事实上，中国不但已经在所有其签署的自由贸易协定中包含了环境条款，而且已经在《中国—瑞士自由贸易协定》《中国—韩国自由贸易协定》中设立了单独的环境章节。

基于以上背景和现实需求，我们认为开展自由贸易协定中环境议题的研究不论是对促进国际自由贸易协定的发展还是国内自由贸易协定的走向，不论是对自由贸易协定的质量还是环境保护水平等都具有重要意义。然而，不管是国际还是国内，目前对于自由贸易协定中环境议题的研究只有零星的、个别方面的相关研究，缺乏现状描述、原因分析和对策建议，远远不能满足理论和现实需要。那么，自由贸易协定中环境议题的理论支撑是什么，国内外发展现状、发生原因、主要内容、谈判的焦点是什么，各自的主张如何、中国应该采取什么策略等等，都是急需回答的问题。本书目的即通过深入研究，对上述问题做出回答和提出建议。

为实现上述目的，我们全面和深入分析了世界贸易组织自由贸易协定数据库，对截至2014年6月底所有已经通报世界贸易组织并已生效和实施的225个自由贸易协定进行了分析。但受语言（比如没有汉语或英语，只有西班牙语等）、时间和资料（例如网页打不开）等所限，只能对其中可获得的200个自由贸易协定中的相关环境问题进行了分析和研究，并对自由贸易协定中含有的30个独立环境章节进行了系统和重点研究。同时，我们还对重点和专业技术问题咨询了相关专家。

按照先总体后具体、先理论后实践的逻辑，本书对自由贸易协定中的环境议题进行了系统分析。本书共分九章，可分四大部分：前四章为第一部分，对自由贸易协定中环境问题进行了总体分析和研究；第5章至第7章为第二部分，对自由贸易协定中或与自由贸易协定密切相关的三个重要环境议题进行了探讨；第8章为第三部分，以中国为案例，对中国签署的自由贸易协定中环境条款及环境章节进行了分析；第9章为第四部分，开展趋势分析并提出政策建议。

第1章主要介绍了本研究的背景、现状、意义，明确研究对象和范围，介绍研究方法和技术路线等。第2章梳理了环境与贸易理论，包括“环境库兹涅茨曲线”理论、“污染天堂”假说以及贸易诱致型环境退化假说等，简要回顾了关于环境与贸易关系的相关实证研究，探讨了环境与自由贸易协定之间的关系以及自由贸易协定中纳入环境条款的理论基础。第3章深入分析自由贸易协定中环境条款发展现状和特征，分析了美国、欧盟、日本、韩国、印度等国家和地区自由贸易协定中的环境条款，分析并揭示了在自由贸易协定中各个国家和地区推动或拒绝设置环境条款的表面和深层原因。第4章分析自由贸易协定中的环境内容，特别是独立环境章节中的环境内容，也对《北美自由贸易协定》（NAFTA）、《美国—韩国自由贸易协定》（KORUS）以及《欧盟—新加坡自由贸易协定》三个较为典型的自由贸易协定进行了案例剖析。在对自由贸易协定中环境问题宏观分析和系统把握的基础上，本书将焦点对准了自由贸易协定中或与自由贸易协定密切相关的几个重要环境议题——环境合作、环境争端解决机制以及自由贸易协定的环境影响评价。第5章至第7章专门就这三个重要议题分别讨论。第5章分别从总体情况、时间演化、合作动机、合作类型、资金机制和制度安排以及合作的主要领域等方面对目前自由贸易协定中环境合作的内容进行了全面和系统的梳理。第6章重点研究自由贸易协定中环境争端解决机制，分析了国家间争端解决机制以及自由贸易协定中出现的环境纠纷，研究了自由贸易协定中的环境争端解决机制以及相关案例，探讨了环境争端解决的场所选择和法律适用的问题。第7章就自由贸易协定环境影响评价进行了分析和探讨，对比了美国、加拿大、欧盟的自由贸易协定环境影响评价方法体系，重点分析了韩美自由贸易协定环境影响评价、欧盟对世界贸易组织多哈回合的可持续性影响评价以及北美自由贸易协定环境影响评价。在宏观分析和具体议题分析的基础上，第 8 章回顾和分析了中国自由贸易协定中的环境条款实践，并以《中国—瑞士自由贸易协定》为案例详尽分析，还将中国自由贸易协定中环境条款实践与其他国家的实践进行了对比，得出中国在自由贸易协定中设置环境条款的动因。最后，第 9 章对未来自由贸易协定中环境条款的发展趋势进行了预判，基于预判对中国应对未来自由贸易协定中的环境议题提出了政策建议。

本书由环境保护部环境与经济政策研究中心李丽平、原庆丹总体设计。第 1 章引言由环境保护部环境与经济政策研究中心李丽平、张彬、原庆丹执笔；第 2 章环境与贸易及贸易协定理论基础研究由张彬执笔；第 3 章环境条款在自由贸易协定中的发展及原因分析由环境保护部环境与经济政策研究中心李丽平、陈超、赵嘉、夏扬执笔；第 4 章自由贸易协定环境条款的主要内容分析由李丽平执笔；第 5 章自由贸易协定中的环境合作条款分析由张彬执笔；第 6 章自由贸易协定中环境争端解决机制由对外经济贸易大学边永明执笔；第 7 章自由贸易协定环境影响评价由张彬、李丽平、北京师范大学毛显强执笔；第 8 章中国的自由贸易协定环境条款分析由环境保护部环境与经济政策研究中心李丽平、肖俊霞执笔；第 9 章自由贸易协定环境条款发展趋势分析及对中国的政策建议由李丽平、原庆丹、张彬、毛显强、边永明执笔。本书由李丽平统一修改定稿，张彬、原庆丹、夏扬等参与了报告的部分审定。

本报告出版之际，要特别感谢在报告撰写过程中给予悉心指导和大力支持的环境保护部国际合作司，商务部国际经贸关系司、世界贸易组织司、条约法规司、服务贸易和商贸服务业司，外交部条约法律司，环境保护部环境影响评价研究中心，国家发展和改革委员会对外经济研究所，商务部研究院等机构的领导和专家！感谢给予大力支持和帮助的环境保护部环境与经济政策研究中心的夏光主任和同事们！感谢中国环境出版社徐于红、赵艳编辑在出版过程中给予的鼎力帮助！感谢所有与我们密切合作的研究机构和个人！

受资料、时间和水平所限，本报告对于自由贸易协定中的环境议题研究仍然非常初步，需要进一步研究的问题还有很多。衷心希望并感谢广大读者对本书提出宝贵意见和建议！

作　者

2014 年 11 月

# 目 录

# 图表目录

# 专栏目录

# 1 引言

自由贸易协定（Free Trade Agreement，FTA）原来主要指两个或两个以上的国家或地区签署的有关协定，其成员在WTO最惠国待遇基础上，相互进一步开放市场，分阶段取消绝大部分货物的关税和非关税壁垒，在服务领域改善市场准入条件，从而在所有成员全部关税领土实现贸易和投资自由化。[①] 近十几年来，自由贸易协定不仅致力于减少货物关税壁垒及服务非关税壁垒，而且还处理其他与贸易相关的规则或议题，诸如环境议题。

## 1.1 研究背景

### 1.1.1 环境与自由贸易协定研究的国际背景

自20世纪90年代开始，随着可持续发展概念的提出，至少在多边平台上，不论是环境组织还是贸易机构都开始强调环境与贸易间的关联。从环境方面来看，1992年里约联合国环境与发展大会发布的《里约宣言》中将原则4“为实现可持续发展，环境保护应该是发展过程的一体化部分，而不能被割裂开来单独考虑”和原则12“用于环境目的的贸易政策措施不应该成为一种主观歧视或国际贸易的变相扭曲”作为重要原则。按照这一思路，环境保护，包括贸易协定，应该成为促进经济发展国际行动的一部分。大会通过的《21世纪议程》第2章第2.3段提出“国际经济应该通过（a）贸易自由化促进可持续发展；（b）使贸易和环境相互支持等，来实现环境和发展目标”。从贸易方面来看，1947年生效的《关税与贸易总协定》（GATT）第20条（b）款提出“为保护人类、动物或植物的生命或健康所必需的措施”作为一般例外条款。世界贸易组织（WTO）1994年建立时明确将环境保护作为其基本宗旨之一，强调了环境保护在贸易中的地位。在环境与贸易方面从各角度作出了诸多努力，例如新建立了贸易与环境委员会，其职责是明确贸易措施与环境措施之间的关系，促进可持续发展。在世界贸易组织协定中提出“认识到在处理贸易和经济

① 朱洪：“自由贸易协定——中国与发展中国家南南合作的新桥梁”，《国际贸易》2009年第9期。1947年《关税与贸易总协定》没有自由贸易协定（Free Trade Agreement）的概念，第24条提出自由贸易区（Free Trade Area）的概念，认为“自由贸易区应理解为在两个或两个以上的一组关税领土中，对成员领土之间实质上所有有关产自此类领土产品的贸易取消关税和其他限制性贸易法规”。

领域的关系时……同时应依照可持续发展的目标，考虑对世界资源的最佳利用，寻求既保护和维护环境，又以与它们各自在不同经济发展水平的需要和关注相一致的方式，加强为此采取的措施”。此外，WTO《农业协议》、《实施卫生与植物卫生措施协议》、《技术性贸易壁垒协议》、《服务贸易总协定》等有关专项协议、协定均包含关于环境的规定。例如，在《农业协议》“非贸易关注”中强调关注“环境保护”，并把“与环境计划有关的研究”和“与环境计划有关的基础设施工程”列入“政府服务计划”之中，成员方在“国内支持承诺”中对农业环境保护可以实行补贴措施，而这种补贴措施对农产品贸易不会或仅有微小影响，成员方无须对其承担约束和削减义务。《实施卫生与植物卫生措施协议》第 2 条基本权利和义务中规定：“各成员有权采取为保护人类、动物或植物的生命或健康所必需的卫生与植物卫生措施”，在第 3 条协调、第 4 条等效、第 5 条风险评估等条款中都对环境保护要求做了相应的规定。这些规定体现了环境优先原则，将环境作为例外，具体设置了贸易及相关经济活动中影响环境和公众健康的红线，对国内相关政策制定提供了重要依据和经验借鉴。另外，1994 年《关于服务贸易与环境的决定》发布。尽管如此，一段时期，特别是 WTO 谈判进展缓慢以及全球环境形势持续恶化，多边层面关于环境与贸易的讨论和行动总体进展有限。

在 WTO 谈判进展缓慢的情况下，自由贸易协定开始蓬勃发展。截至 2014 年 6 月底，向 WTO 秘书处报告的生效的自由贸易协定为 225 个。除蒙古外，所有的 WTO 成员都至少参加了一个自由贸易协定。据估计，约一半的货物贸易因自由贸易协定而产生。自由贸易协定快速发展主要基于如下原因：一是，从法理上讲，WTO 规则允许区域一体化和双边协定存在的可能性，自由贸易协定也能够通过为其提供有用的案例和经验给养多边规则制定，可以作为 WTO 的重要补充；二是，自由贸易协定相对 WTO 参加方数目较少，因而也更容易达成一致，定期协调也更容易；三是，新的与贸易相关的内容，例如环境、劳工、竞争政策和电子商务等更容易被引入；四是，空间距离也是一个重要因素。随着时代发展，为适应经济全球化新形势，自由贸易协定涵盖的范围大大扩展。除传统的货物贸易降低关税外，越来越多的自由贸易协定将环境与服务、投资、争端解决、知识产权、竞争、劳工标准等并列作为其重要内容。基于此，更多关于环境与贸易的努力在双边和区域水平上开始显现，并已成为自由贸易协定发展的新特点和新趋势。

国际上关于环境与自由贸易协定关系较早就存在，最早可追溯到欧盟和海外国家与领土（OCT）于 1971 年签署的自由贸易协定中关于环境与贸易的条款，其中提出“国际贸易的发展应该通过与相关国际协定和做法相一致的环境促进环境的可持续管理。在计划和执行环境措施时，要考虑海外国家特别的需求以及各自的发展水平”。但关于环境与贸易的实质性内容最早出现在美国、加拿大和墨西哥三国签署的于 1994 年生效的《北美自由贸易协定》（NAFTA）中。WTO 成立以来，涉及环境内容的自由贸易协定呈逐年增长趋势。

甚至，环境内容成为协定是否能够签署和生效实施的决定性因素。据不完全统计，截至2014年6月底，除去非英语和无法获得的自由贸易协定（25个）外，在200个已经签署并生效的自由贸易协定中，共有170个自由贸易协定包含环境相关条款，占85%，其中有30个自由贸易协定正文中包含独立的环境章节。从时间尺度看，2002年以后，环境条款在自由贸易协定中出现的频次呈大幅上升趋势，尤其2004年、2011年和2012年签署的自由贸易协定中出现包含环境章节的自由贸易协定较多。

美国、加拿大、欧盟等力推在自由贸易协定中设定环境条款。根据美国贸易代表办公室（USTR）公布的相关数据统计，目前美国签署并已经生效的自由贸易协定有14个，除早期的2001年美国—以色列自由贸易协定外，后来签署的其他13个自由贸易协定框架下均包含环境章节。为推动在区域贸易协定中纳入环境内容，美国、欧盟、新西兰等还专门设置了相关法案，在国家贸易和环境机构，设置了专门机构，赋予了相关职能。不仅上述发达国家，韩国、智利等发展中成员目前也在其谈判的自由贸易协定中力推纳入环境条款。总之，自由贸易协定近年来发展很快，大幅增加。包含环境条款的自由贸易协定更是增长很快，成为自由贸易协定发展的亮点和新常态。而且未来这一趋势仍会持续。

### 1.1.2 环境与自由贸易协定研究的国内背景

环境已经成为中国加快实施自由贸易区战略的重要内容。十八届三中全会通过的《中共中央关于全面深化改革若干重大问题的决定》明确提出“加快自由贸易区建设……加快环境保护、投资保护、政府采购、电子商务等新议题谈判，形成面向全球的高标准自由贸易区网络”。

中国是贸易大国，贸易依存度高。2013年，中国货物进出口4.16万亿美元，已成为世界第一货物贸易大国，也是首个货物贸易总额超过4万亿美元的国家。近十年来中国对外贸易依存度都在40%以上。

中国贸易额的高速增长，一方面拉动了国民生产总值的快速增加，但是另一方面也带来了污染物排放的增长，给环境带来了越来越大的压力。以二氧化碳排放为例，北京大学Lin等（2014）对中国2000年至2009年出口货物产生的隐含二氧化碳排放量进行了核算，结果是加入世界贸易组织后中国出口隐含二氧化碳排放量呈显著上升趋势。环境保护部环境与经济政策研究中心研究显示：加入世界贸易组织后，我国出口产品迅速增长，由此增加的污染物排放也比较显著，出口隐含的废水、二氧化硫、烟粉尘等污染物量占这些污染物全部排放量的25%～40%。

加快实施自由贸易区战略是中国深化改革开放的内在需求。2007年，党的十七大报告第一次明确提出“实施自由贸易区战略，加强双边多边经贸合作”。2009年的政府工作报告提出：“继续推进自由贸易区谈判，认真实施已签署的协定”。《中华人民共和国国民经济和社会发展第十二个五年规划纲要》中提出“加快实施自由贸易区战略”。

目前，中国正在建设20个自由贸易协定，涉及32个国家和地区。其中，已签署并实施的自由贸易协定有 12 个，分别是中国与东盟、新加坡、巴基斯坦、新西兰、智利、秘鲁、哥斯达黎加、冰岛和瑞士的自由贸易协定，内地与香港、澳门的更紧密经贸关系安排（CEPA），以及大陆与台湾的海峡两岸经济合作框架协议（ECFA）。环境内容均已包括在上述自由贸易协定中。谈判过程中，环境条款是贸易伙伴对中国的重要要价。例如，中国—新西兰自由贸易协定谈判及中国—瑞士自由贸易协定谈判过程中，对方均称如果不设立单独环境章节或附属环境协议，则这一自由贸易协定将无法在其议会通过，也就意味着无法签署。无论是从外部压力还是内部需求，在自由贸易协定中谈环境条款不是要不要谈的问题，而是如何谈的问题。

## 1.2 研究现状述评

国际上自由贸易协定中环境问题的研究主要是经济合作与发展组织（OECD）开展的相关研究。从 2007 年开始 OECD 每年发布环境与区域贸易协定的相关报告，但是，这些报告除了 2007 年的内容比较全面、丰富外，其他年份的内容比较简单，主要是更新前一年新生效自由贸易协定环境条款的进展，缺乏深入和系统分析。而 2007 年的报告是研究 2006 年及以前的情况，到目前已近十年，然而恰恰最近这些年是自由贸易协定环境条款发展最快的时期，因此，其研究至少已经不能反映当前情况。并且，这些报告中也没有专门针对中国的研究。除 OECD 报告之外，只有零星的、个别方面的相关研究，例如 Dale Colyer 开展的 Green Trade Agreements，缺乏对自由贸易协定环境条款全面分析和深入原因讨论；Ole Kristian Fauchald 和 Haakon Vennemo 的“Environmental Impacts of a Free Trade Agreement between China and Norway”、Gloria Soto Montes de Oca 的“QUANTIFYING NAFTA ENVIRONMENTAL IMPACT in ENERGY AND AGRICULTURE”等仅关注自由贸易协定环境影响的评估。

在中国，关于自由贸易协定中环境问题的研究多是对北美自由贸易协定（NAFTA）环境议题的相关研究，例如，何冰清的“北美自由贸易协定第十一章争端解决机制对环境的影响 ——兼谈 Metalclad 公司诉墨西哥政府案”，李智慧“由 SDMI 案看 NAFTA 贸易规则与环境措施的博弈”，肖曼和邹宁华的“北美自由贸易协定的贸易与环境问题”和“北美自由贸易区公众参与环境保护对我国的启示”，李寿平的“北美自由贸易协定对环境与贸易问题的协调及其启示”，顾舟宇的“自由贸易与环保的冲突——从政治多元主义角度研究‘北美自由贸易协定’”等。此外，李丽平和张彬等就自由贸易协定环境保护议题谈判做过初步研究，在《中国环境报》发表《加快自由贸易协定环境保护议题谈判》、《中瑞自由贸易协定强化环境内容》等文章。

总体而言，不论是国际还是国内学界，对环境与自由贸易协定都缺乏梳理现状、揭示规律、探寻原因和对策等全面和深入的研究，远远不能满足自由贸易协定环境条款发展和决策的需要，非常有必要对此进行系统、全面和深入的研究。

## 1.3 研究意义

研究和讨论自由贸易协定中的环境条款是新议题，具有重要的理论和实践意义。

从理论意义讲，自由贸易协定环境条款研究可以从更广阔的视野、更全面的视角探索环境保护问题，有利于理解贸易对环境以及环境对贸易的影响，加强环境政策与贸易政策协调，有利于丰富和完善环境与贸易理论研究。

从实践意义讲，在贸易协定中引入环境条款，目的在于促进贸易和环境的相互支持，促进环境法律执行，提升环境标准水平，建立环境合作，加强环境事务的公众参与等。对于一些国家而言，在贸易协定中加入环境条款是改革或加速内部进程的驱动力。在摩洛哥，与美国贸易协定的谈判加速了几个搁置了好几年的环境法的通过。智利与美国和加拿大的谈判是其大量环境立法的重要推动力。没有这些外部的推动，这些变化不可能发生或将会推迟发生。对于中国而言，第一，落实生态文明建设与经济建设、政治建设、文化建设、社会建设“五位一体”布局，是全面深化改革的现实要求，以及系统性、整体性、协同性推进的思路和安排，在贸易协定中引入环境条款，有助于促进环境与经济融合。第二，有助于促进国际环境保护合作活动及能力建设。通过在自由贸易协定中考虑环境，有助于签署环境保护合作协定或达成环境合作条款，作为环境合作的重要补充。第三，在自由贸易协定中纳入环境条款意味着中国履行环境保护的国际权利和义务，有利于宣传和树立中国重视环境和保护环境的良好形象。第四，将为推动国内环境政策改革提供必要的激励。自由贸易协定中包含环境条款，以及由此产生的来自外国政府及企业的压力，有助于促进中国国内环境政策改革，提升环境保护机构的组织能力，更新现有法律框架，强化自身的执行机制。

越来越多的自由贸易协定包括环境条款或单独环境章节，但是，自由贸易协定中环境条款发展、现状特点、主要内容、重点条款、中国情况等还没有被深入分析，本书即填补此空白。

## 1.4 研究范围

本研究重点关注自由贸易协定，从研究内容上，自由贸易协定中的环境内容指自由贸易协定正文文本中环境相关条款及其附件中有关环境的规定，例如服务贸易中的环境服务相关内容。是否属于环境条款基于内容研究，而非字面。例如“可持续发展”和“保护人类健康”等相关内容根据 WTO 属于环境条款，而“投资环境”之类的内容则不属于环境条款。但是，自由贸易协定文本中存在援引条款涉及环境议题的情况（如一般例外中援引 GATT 第 20 条），为不引起歧义，本研究未将此种情况纳入计数范围。本书主要研究自由贸易协定正文及其附属协定中的环境条款，并重点关注正文文本中单独的环境章节。值得注意的是，由于对环境合作附属协定不同的国家有不同的考虑，例如，对于北美环境合作协定，研究者一般均认为是附属于北美自由贸易协定的，而中国和新西兰签署的自由贸易协定，新西兰认为在协定文本中提及了环境合作协定，因此中国—新西兰环境合作协定是附属于中国—新西兰自由贸易协定的，但是中国认为二者是两个平行的协定。由于环境合作协定是否附属于自由贸易协定并未形成统一的看法，因此本研究暂不考虑环境合作附属协定（北美环境合作协定除外）。

从研究对象上，以 2014 年已通报 WTO 的 200 个自由贸易协定为研究样本（一些国家签署的自由贸易协定未提供英文版，受语言限制将其排除在研究样本之外），重点研究涵盖环境章节的 30 个自由贸易协定。

## 1.5 研究方法

本书研究方法基于对自由贸易协定的文本分析和文献研究，更重要的是获得第一手的评论和材料：不仅采访和实地调研直接参加谈判的专家，也包括参与实施自由贸易协定的专家；不仅包括中国专家，也包括国外专家；不仅包括环境领域专家，也包括贸易、国际法学等方面的专家以及某一特定领域的专家，例如针对环境影响评价，咨询了若干有资质的环境影响评价的专家。具体的研究方法包括：文献综述、专家对话、头脑风暴、比较分析方法、数理统计方法等。

## 1.6 内容结构和技术路线

本书分九章，深入研究自由贸易协定中的环境问题。第 1 章介绍研究的背景、内容和意义。第 2 章从环境与贸易理论方面进行了梳理，旨在探讨环境与贸易、环境与自由贸易协定关系的理论根源。第 3 章深入分析自由贸易协定环境条款发展现状以及原因，一方面全面展示了自由贸易协定环境条款的特征，分析了主要国家自由贸易协定环境条款；另一方面也揭示了自由贸易协定中推动或拒绝设置环境条款的原因。第 4 章对自由贸易协定环境条款内容进行深入分析，特别是对单独环境章节中的环境内容进行描述。第 5 章到第 7 章是就自由贸易协定环境条款中的三个重要议题分别讨论：第 5 章讨论环境合作问题；第

6 章讨论环境争端解决机制问题；第 7 章讨论环境影响评价问题（环境影响评价既是一个重要议题，同时对整个自由贸易协定发挥影响）；第 8 章专门分析了中国的自由贸易协定环境条款；第 9 章在分析自由贸易协定环境条款发展趋势的基础上，对中国提出具体的应对建议。

技术路线如图 1-1 所示。

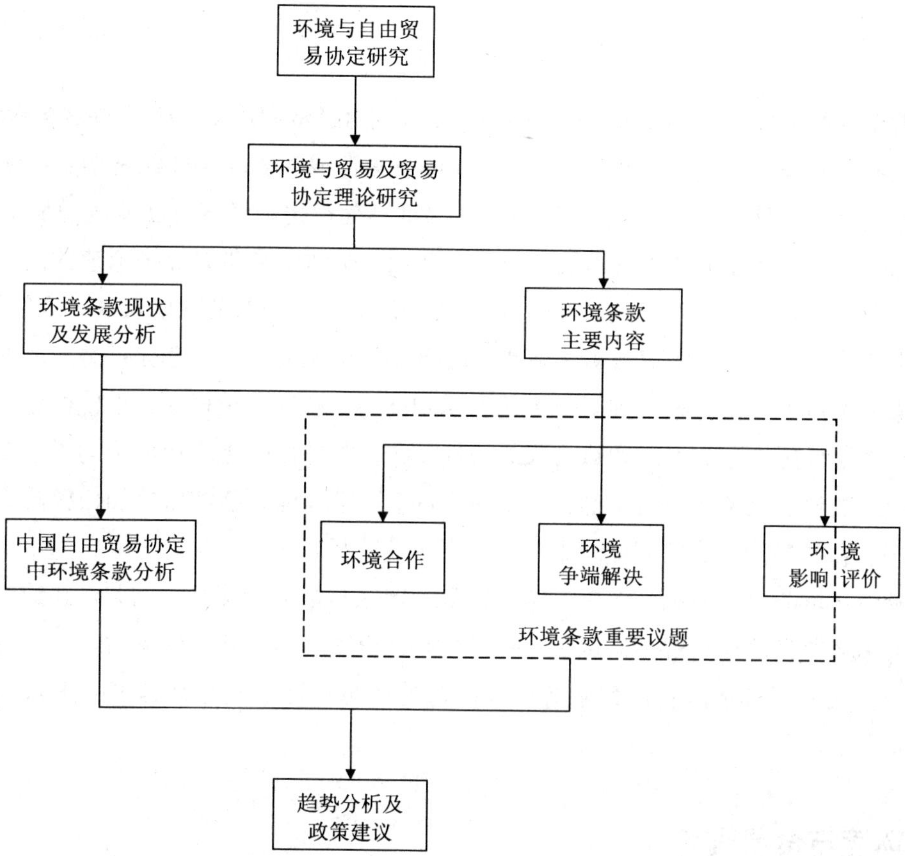


**图 1-1 研究技术路线图**

# 2 环境与贸易协定理论基础研究

随着全球贸易自由化进程加快，贸易及贸易规则对经济和环境所产生的影响越来越大。作为拉动经济增长的三驾马车之一——国际贸易已成为驱动全球经济增长、提高国民收入水平的重要引擎。在过去 15 年，国际贸易活动使得全球经济发展速度增加 2 倍，可以说全球经济的快速发展离不开贸易的推动。然而，全球贸易带来经济增速的同时，对环境产生了巨大影响。一方面，全球贸易加速了生产活动对资源的消耗以及生产废物的排放，给环境带来了巨大压力，使得大多环境指标随着经济增长而进一步恶化；另一方面，全球贸易带来的经济增长使得各国拥有更多的资源和能力去解决环境问题，也使得这些国家由高污染产业向低污染服务型产业转型成为可能，同时贸易自由化的加速推动了环境产品与服务在全球的贸易以及环境技术的传播，使得各个国家和地区能够以更加低廉的成本接触到环境产品和服务，在治理环境污染时有了更多的选择。

贸易对环境的“双刃剑”性质被越来越多的国家和地区所接受。因此，在缔结旨在促进双边或多边贸易的自由贸易协定时，贸易规则在重塑贸易结构、约束贸易对环境的负面影响、扩大贸易对环境的正面影响等方面所起的作用也逐渐被越来越多的国家和地区所重视。

## 2.1 环境与贸易理论

贸易对于环境的影响很早就受到学界关注，为此也提出了相应的理论来阐释贸易与环境之间的关系，比较著名的理论有：环境库兹涅茨曲线理论、“污染天堂”假说理论、贸易诱致型环境退化假说理论等。

### 2.1.1 环境库兹涅茨曲线

库兹涅茨曲线最早由经济学家西蒙·库兹涅茨发现，被用于描述经济发展与收入差距变化关系，因其形状呈倒 U 型，也称为“倒 U 型曲线”。后来，随着世界范围内环境质量的退化，人们日益关注环境问题，关于环境退化（压力）和经济发展（增长）之间关系的讨论日益增多。学者发现，环境（某些环境指标）退化与经济发展之间也存在倒 U 型曲线的关系，即经济发展早期环境质量逐渐恶化，经济发展到一定水平后，环境质量会逐渐改善，由于其与库兹涅茨曲线非常相似，因此称为环境库兹涅茨曲线。由于贸易是拉动经济增长的三驾马车之一，在经济增长过程中扮演着重要的角色，因此环境库兹涅茨曲线也常常用于解释贸易发展与环境压力之间的关系，如图 2-1 所示。

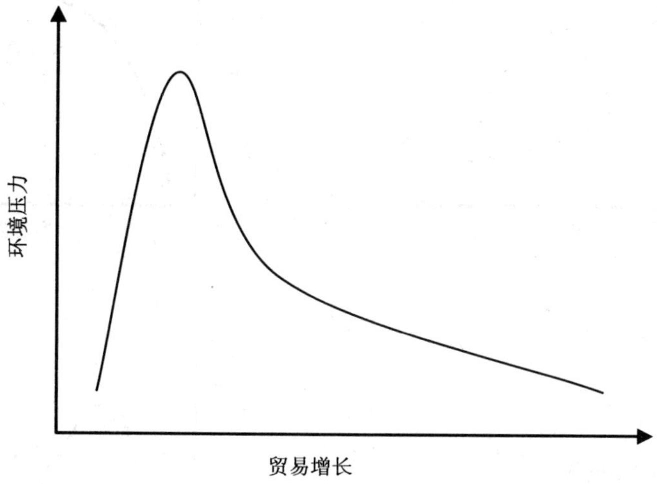


**图 2-1 环境库兹涅茨曲线**

1）理论起源

环境与经济、贸易之间的关系是一个长期争论的话题，古典经济学家认为经济增长是要素投入增长的过程，威廉·配第曾说“劳动是财富之父，土地是财富之母”，因而伴随经济增长的是原材料、能源和自然资源消费的增长。20 世纪 70 年代以前学界一般认为经济增长是导致环境恶化的源泉，环境压力与经济同步增长。20 世纪 70 年代初，随着 IPAT 等式的提出，学界对环境压力与经济增长之间的关系有了新的理论认识，IPAT 等式①说明通过技术进步可以补偿人口、收入对环境的影响，使环境压力减小。有的研究者甚至认为经济增长是环境质量改善的动力。

1991 年 Grossman 和 Krueger 对二氧化硫、微尘和悬浮颗粒三种环境质量指标与收入之间的关系进行了实证研究，发现这三种污染物都与收入呈倒 U 型关系。1995 年 Arrow 提出了环境压力与经济增长之间呈倒 U 型关系的假说。由于与库兹涅茨曲线类似，所以把它称为环境库兹涅茨曲线假说（或 EKC 假说）。

2）EKC 假说的发展及实证研究

随着 EKC 假说的提出，学界对环境与经济（贸易）间关系的研究进一步深入，大量

① IPAT 模型是美国生态学家 Ehrlich 和 Comnoner 于 20 世纪 70 年代提出，该公式为：I=P*A*T。其中，I 代表环境影响，P 代表人口数量，A 代表人均财富，T 代表技术，该公式表明环境是受人口、人均财富以及技术影响的。

的实证研究表明，环境压力和经济增长之间呈现四种关系：倒U型关系、同步关系、U型关系和N型关系，如图2-2所示。

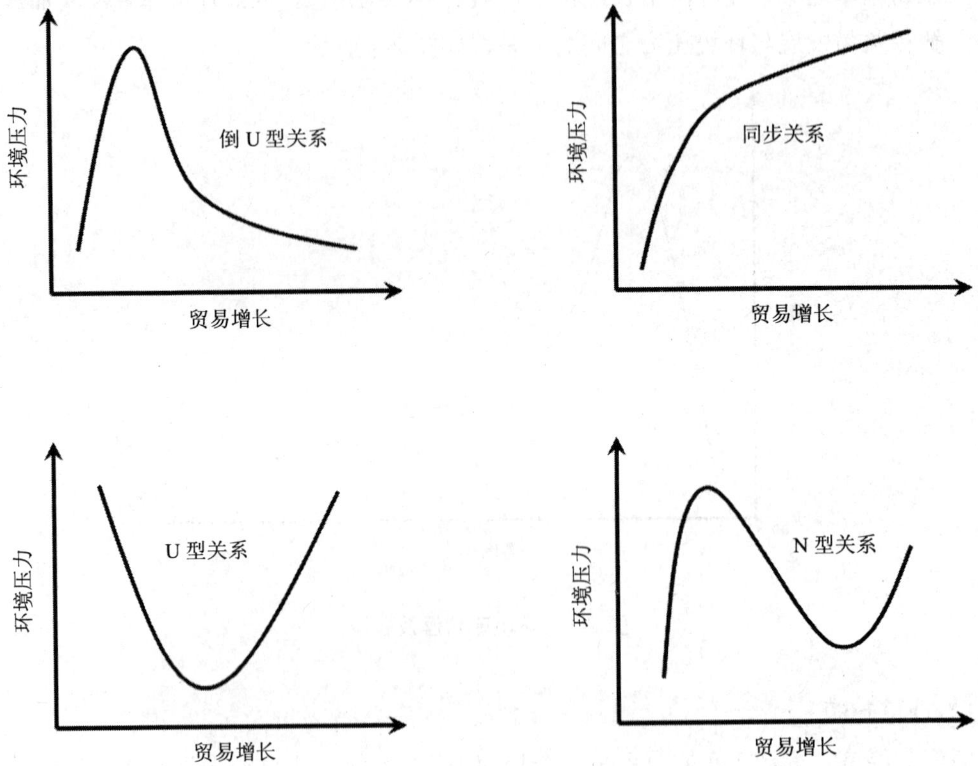


**图2-2　环境压力与贸易增长间的关系**

为解释上述四种关系，Grossman和Krueger提出贸易增长通过规模效应、技术效应与结构效应三种途径带来环境压力。其中，规模效应是指经济、贸易规模的增长，带动生产规模的增长，生产规模的扩大一方面会增加投入，加大对资源的使用，另一方面生产过程排放的污染物也会增加。技术效应是指技术水平的提高，会改变生产过程对资源利用的效率和排放污染的水平，从而降低对环境的压力。结构效应是指贸易中有农产品、耗能产品、知识密集产品等，随着经济体贸易结构的调整，其产业结构也在不断变化，投入和产出结构也在变化，对环境所产生的压力也在不断调整变化。

在上述三种效应的共同作用下，环境压力和经济增长之间呈现四种不同的关系。

（1）倒U型关系

倒U型关系是贸易与环境关系中最常见的一种实证研究结果，也是EKC存在的证据。

最初，随着贸易的发展，单个经济体的市场边界向外拓展，形成了多个经济体组成的巨大市场，各个经济体的生产规模随着市场规模的扩大而扩大，此时规模效应占据主导地位，这样就出现贸易发展与环境压力同步的情况。随着贸易规模的扩大、收入水平的提高，环境质量需求的收入弹性逐渐变大，将使得技术效应和结构效应更加明显，即技术水平不断提高，资源利用效率调高同时污染排放减少，产业也从污染较重的工业调整为对环境影响较小的服务业，贸易结构中服务业代替工业的主导地位后，环境污染便会逐渐减少，环境质量随之改善，环境压力和贸易增长便出现了拐点，走向负相关关系，从而形成了“倒U型”。

（2）同步关系

在采用某些环境指标对EKC进行实证研究时，发现并未出现转折点，环境压力和贸易增长同步增加的。主要有以下三种原因：

一是，一些学者认为贸易增长导致的经济发展不能解决环境问题。经济发展需要消耗自然资源和服务，而消耗自然资源和服务必定会造成环境破坏。利用经典IPAT等式发现一些污染物的排放量随人均财富（A）增加而上升，得出贸易增长并不能解决一些污染物的排放问题，而起到解决环境问题的关键变量是技术（T）。研究者认为贸易增长只能带来环境压力，不能解决环境问题，环境压力和贸易增长不会分离。

二是，EKC假说不适用于全球环境指标（如温室气体等）。研究者认为EKC假说只适用于单个国家的环境压力指标，在分析单个国家的环境指标时很容易找到EKC存在的证据，而在分析全球环境指标时，一般会出现这种同步关系。

三是，贸易发展尚未到与环境压力分离阶段。由于在“倒U型”关系中走向拐点的时间并未限定，有可能在实证研究中，现有数据仅仅只能描述拐点前的状况，而拐点后的状况还并未发生，贸易增长尚未与环境压力之间脱钩，因此只能观察到同步关系。

（3）U型关系

在某些实证研究中出现了环境指标随收入的增加先下降到一定水平而后逐渐升高的情况，也就是说环境压力和贸易增长呈U型关系。Kaufmann等人在以二氧化硫浓度为环境退化指标研究EKC时发现二氧化硫浓度与收入呈U型关系，而与贸易活动空间强度（单位面积的贸易活动）呈倒U型关系。在低收入水平时，随着贸易活动的增强能源利用向含硫量低的能源（如天然气）转移，二氧化硫浓度逐渐降低；在高收入水平时，随着贸易活动的增强，能源消耗排放超过能源转移减少的部分，二氧化硫浓度又逐渐上升。

（4）N型关系

环境压力和贸易增长呈N型关系，是“重组假说”所描述的情况。重组假说认为环境压力和贸易增长分离状态不会长期持续下去，贸易水平达到一定程度后会重新组合。环境压力和贸易增长之间的关系，从长期来看呈现一种N型关系，而不是倒U型。20世纪90年代初期研究者已经发现中收入水平时贸易增长能改善环境质量，但在高收入水平时环境质量再次恶化。随后又有研究者发现在高收入水平时物质利用会再次增加，认为环境压力和贸易增长之间呈 N 型关系而不是倒 U 型关系。出现这种关系的理论解释主要有政策因素和经济因素两种：一是政策因素，2003 年 Friedl 和 Getzner 研究奥地利 1960—1999 年二氧化碳排放情况时，发现二氧化碳排放与收入呈 N 型关系。他们认为能源危机的化解和环境政策的软弱造成了污染的再次上升，从而出现环境压力和经济增长的重组现象。二是经济因素，1997 年 Bmyn 和 Opschoor 撰写的论文认为在贸易迅速发展的同时，减物质化没有受到高度的重视，经济增长率超过了物质强度的减少，从而出现重新组合的情况。

### 2.1.2 “污染天堂”假说

1）理论提出背景

对于环境规制是否会对产业国际竞争力造成影响，一直以来学界持不同的看法，分为乐观派、中立派和悲观派。其中乐观派动态分析环境规制对竞争力的影响，提出环境规制在长期意义上有助于国际竞争力提高，认为环境规制有利于促进企业的技术创新，采用先进环保技术的企业可以获得一系列竞争优势，获得废物利用的额外收益，动态的学习效应降低成本等。中立派则认为环境规则对于产业竞争力的不利影响很快为人们所洞察，而环保的技术创新和学习效应则是一种能降低环境成本的潜在机会。而悲观派则认为由于环境规制提高企业的成本、降低资本的收益以及影响企业的技术创新，从而导致企业市场竞争力的下降，丧失国际市场份额，更有甚者还会引起产业转移和新企业的区位选择，这成为“污染天堂”假说的理论来源及基础。

2）“污染天堂”假说

由于一个国家内环境标准或环境规制相对差别不大，因此有关严格环境标准降低产品竞争力的讨论主要存在于各国环境标准或规制的差异对国际资本投资影响的话题中。一种假说认为，在一国单方提高环境标准或规制的情况下，国内企业和环境标准或规制低的外国企业相比失去其竞争优势。作为理性个体，为追求利润最大化，企业将从高环境标准国家转向低环境标准国家，即认为环境规制宽松和环境标准低的国家会吸引外国污染产业落脚，成为“藏污纳垢”之所。这就是“污染天堂”假说。

对“污染天堂”假说的分析，学界有完全竞争市场和非完全竞争市场两类模型。

在完全竞争模型中，环境规制的作用效果明显：严格的环境规制会降低资本的利润，资本从而流向国外。Long 和 Siebert 建立两国家模型证实了一国征收排污税将降低本国资本收益率，在利益驱动下资本将会流向另一国，直到两国资本收益率均等。Oates 与 Schwab 建立了多国模型，得到了类似结论。但 Oates 与 Schwab 在只考虑两个国家并引入资本税的条件下，得出的结论发生了改变：排污税的边际收益超过了改善环境的成本，环境规制放宽，环境规制水平低于最优水平。

在非完全竞争市场的研究中，Markusen 构建了一个两国非完全竞争市场，在设置环境税的前提下，企业和政府行为取决于污染物对环境的损害程度，第一种情况是污染物环境损害严重，会出现“不要在我家后院”(Not in my backyard）的情形，即两国都以高环境标准将该企业驱逐出市场；第二种情况是污染物环境损害较小，两国之间在环境标准上出现一种逐底竞争（Race to the Bottom)，两国竞相以低环境标准吸引投资者。另外，Pflugler也以一个垄断竞争的一般均衡模型得出了类同的结论，在 Pflugler 建立的模型中，两个国家按规模报酬递增生产不同的制成品，并按规模报酬不变生产同质商品，资本、劳动和受排污税调节的环境作为生产要素投入到生产之中，在此背景下，一国单方面提高排污税将对另一国产生三种效应：一是企业投资转移，带来资本收益率上升；二是税基扩大（转移的投资）提高了税收收入；三是生产扩张（转移的投资）导致环境恶化。如果污染产生的福利损失小，则两国环境规制处于逐底竞争；若污染产生的福利损失大，则两国都将较大幅度提高排污税，出现“不要在我家后院”的情形。

还有学者指出，由于在国内生产的可变成本比国外高，而在国外投资的固定成本比国内高，因而只有两国环境规制差别较大才会引起投资者转向国外。也有学者指出，由于企业选址的考虑因素并非只有环境规制一条，对于资本密集型的污染企业除了考虑环境规制因素外，更重要的是考虑获得资本的成本，因此，环境规制的严格与否并不会成为企业转移的充分条件，“污染天堂”假说受到严重的挑战。

### 2.1.3 贸易诱致型环境退化假说

1993 年 Daly 考察了自由贸易对环境污染排放量的影响，提出贸易诱致型环境退化假说，他认为自由贸易将加剧环境污染，从而使比较成本和通过破坏环境获得的收益更加困难，因而可能对经济最优规模产生误导。在这种情况下，环境成本会比任何生产收益提高得更快，经济会进入一种恶性发展阶段，即越发展越贫困化而不是越富裕。Daly 指出，更为糟糕的是，由于这种迹象将在超越某个点以后才显现出来，因而往往不为重视。根据 Daly 提出的“贸易诱致型环境退化假说”，1997 年 Copeland 和 1999 年 Taylor 构造了一个理论分析框架，通过研究贸易在工业中扮演的空间分离、功能各异的角色，来考察贸易的环境后果。他们建立了一个简单的两个产业部门的动态模型，两个不相容的产业分别为污染型加工业和环境敏感产业，若存在贸易，环境敏感产业的生产效率会受到污染型加工业生产的伤害，两个不相容的产业可相互迁移分开，从而使污染型加工企业能够得以发展。

## 2.2 贸易与环境关系的实证研究

由于贸易对于环境的影响有着较为复杂的机制，尽管建立了上述理论，但是到底贸易是促进环境还是损害环境需要实证研究予以支持。基于上述理论，研究者从不同角度对贸易与环境的关系进行了实证研究，得出的结论主要分为三种：贸易促进环境、贸易有损环境以及中立观点。

### 2.2.1 贸易促进环境论

Grossman 和 Krueger 建立了国际贸易环境效应分析范式后（即将贸易对环境的影响分为规模效应、技术效应和结构效应），许多研究者在此框架下对贸易的环境影响进行了研究。在 1993 年对北美自由贸易协定环境影响的评估研究表明，技术效应会抵消掉规模效应，而结构效应受到要素禀赋报酬的影响超过了各国环境制度差异产生的影响，说明对于低的环境标准及松散的环境法律、法规的追求（即逐底竞争）发生的可能性并不大。随后 Antweiler 等人对 44 个国家国际贸易和二氧化硫含量间关系进行了实证研究，发现：通常经济活动的结构、规模增加 1%，会导致污染集中度增加 0.25%～0.5%；然而，与此同时，通过技术效应会带来的收入增加又使得污染集中度降低 1.25%～1.5%。将上述两方面的效果综合考虑，得出贸易自由化使人均 GDP 提高 1%的同时污染程度将降低约 1%。他们认为当一个国家越来越富裕时，其对于环境的评价会越来越高，也就是说对于环境的需求弹性会变大，从而这些国家更愿意通过采用环保的生产技术来提高产量。这也表明，尽管贸易的规模效应会对环境造成负面影响，但贸易通过提高收入最终将使结构和技术效应大于规模效应，从而表明贸易自由化对环境将是有益的。Antweiler 等通过对“污染天堂”理论进行抨击来说明贸易促进环境。他们研究指出，污染避难所理论看起来仿佛是很有道理的，但是从目前已有的证据来看却不是这样。第一，这个理论只关注了国际贸易的一个方面，即国际贸易对环境的结构效应，对收入增长和技术转移的效果没有考虑；第二，控制污染的成本其实是很低的，在少数行业中控污成本不及总成本的 5%，环境管制增加的成本并不会成为污染企业转移的决定性因素；第三，严格的环境标准并不意味着或者说并不直接与较高的成本相关，事实上规则可以帮助降低成本，一个环境管理良好的产业在长期来看也是一个成本控制得很好的产业。

2001 年丹麦统计学家 Lomborg 在《怀疑的环境保护主义者》一书中表明，贸易使环境恶化是没有依据的，相反贸易使环境在各个方面都有所改善。他认为：贸易和低成本的运输有效地减少了资源和环境风险，使地方经济在遇到自然资源损耗和枯竭时，不会那么脆弱。因为当一个地方资源短缺，成本上升，产地就会转移到其他资源相对丰富，成本相对低廉的外地。结果，每个地区（国家）都延迟了资源短缺的时间，所有的贸易体都能获益。Lomborg 的另一观点是环境的改善其实是来源于经济发展的，即只有当足够富裕时，我们才能承担起关心环境的奢侈，我们不需要在经济福利和环境之间做出两难选择。换句话说，经济发展并不会导致环境的恶化；相反，由于经济发展带来的收入效应能够提高人们对环境的关心，并拥有更多促进环境保护的技术和资金。因而，贸易的发展将促进环境保护。

从产业部门角度，也有学者对贸易促进环境进行了论证。Gardner 认为农业方面的自由产业贸易使得农业生产从日本、欧盟这样因自然资源缺乏而大量使用化学药品的国家转移到不大量使用杀虫剂的发展中国家去，从而减少污染。另一方面，贸易自由化带来的政府农业补贴的减少，也使得发达国家的农民缺少动力继续开发剩余的土地，从而减少土地破坏，保护了环境。

### 2.2.2 贸易损害环境论

对于贸易有损环境的论述，主要来源于两种理论的支持。一是要素禀赋理论，即赫克歇尔-俄林模型，根据这个模型，贸易自由化将导致环境质量下降的后果。因为假设一个国家在环境方面存在资源优势（如森林、淡水），则该国将把从事贸易的基础建立在这个要素禀赋之上，并且出口密集使用其丰富要素的产品，结果贸易自由化将导致过度和过于集中地使用这种环境资源，最终就是环境质量的下降。另一个理论基础是"污染天堂"理论，该理论认为环境方面相对低标准的发展中国家将由于贸易自由化引发逐底竞争而导致严重的环境问题。要素禀赋理论和"污染天堂"理论都指出，贸易的开放会改变国家的产出结构，使之顺应国家的比较优势，最终导致污染的增加。

1999 年 Nicola Borregaard 等对贸易的产品效应进行了分析。产品效应指贸易会影响到出口或者消费的产品类型，从而对环境产生正面或者负面的影响。然而，很少有研究发现正的产品效应，在转型国家中负的产品效应的例子尤其多。Nicola Borregaard 等结合智利国情进行了分析，研究结果指出从 20 世纪 30 年代到 70 年代，智利一直执行着高度限制性的贸易政策，到了 70 年代初期，智利开始采用新的开放的经济政策。这种政策更多地关注短期的国家财富增加，对自然资源的开发力度大大加强。智利的改革带来了经济增长，但是这种增长的代价是环境的破坏。

### 2.2.3 中立观点

持中立观点的学者认为，贸易自由化对环境的影响是模糊的。横向来看，自由贸易对发达国家的环境有利而对发展中国家的环境有害；纵向来看，自由贸易在收入水平高时对环境有利，在收入水平低时对环境有害。Grossman 和 Kruger（1993）把贸易的环境效应分解为三部分：结构效应、规模效应和技术效应。贸易对环境影响的复杂性在于这种影响是三种效应之和，而不是单独某一种效应。Grossman 和 Krueger 等还进一步确定了积极效应和消极效应的分水岭，即当收入达到一定水平后，结构效应与技术效应的积极作用将超过规模效应的负面影响，从而有利于环境保护。

1994 年 Copeland 等将发展中国家视为南部国家，将发达国家视为北部国家，利用南北模型对国际贸易的规模、结构和技术环境进行了分析，他们认为，如果人们对清洁环境需求的增长速度超过收入的增长速度，从理论上讲，正的技术效应可以抵消负的规模效应。由于对于北方国家来说，结构效应为正，因此，贸易减轻了北方国家的环境污染。而在南方国家中，负的规模效应和结构效应会超过技术效应对环境的影响，从而贸易加剧了南方国家的环境污染。

## 2.3 贸易、环境及治理体系

环境与贸易的关系错综复杂，理论上看，贸易对环境同时存在正面和负面影响，实证分析也支持上述理论结论，即贸易有可能会促进环境，也有可能会损害环境，GATT1992 年度的“贸易与环境”报告以及经济学家 KymAderson 等人的研究指出虽然贸易自由化并不能总是有利于环境，有时候外溢损失是存在的（比如孟加拉的砷中毒事件），但是可以通过实施恰当的环境政策，或者通过对受害者进行救济和补偿来弥补在环境领域存在的市场失灵，所以“只要同时实施正确的环境政策和自由贸易，环境和经济福利就会同时达到效率最优”。

Nicola Borregaard 等研究也指出贸易对环境的影响存在“政策法规效应”。贸易政策的改变会对当前的环境政策和法规产生影响。这方面最突出的例子就是 GATT 的有关规定以及 WTO 的技术性贸易壁垒协定。虽然与贸易有关的环境政策要达到较高程度的一致化存在困难，但是有一些例子显示国家之间的双边或多边贸易中建立必要的环境条约对于环境的保护还是很有用的。

尽管贸易对于环境的影响存在不确定性，然而可以确定的是在贸易框架下嵌入环境条款或建立必要的环境制度对于减少贸易对环境的负面影响，增强环境对贸易的正面影响，促进环境改善是有积极作用的。

基于上述对于贸易与环境的认识，各种多边、双边贸易协定开始实践如何处理贸易与环境的关系，即：既保障自由贸易，又在最大限度上减少对环境的负面影响。

作为全球贸易治理框架，WTO（前身为 GATT）一直尝试在贸易框架下建立一种既保护环境又在最大限度上不影响自由贸易的政策体系。该体系最早起源于 1947 年 GATT 中的第 20b 款和第 20g 款，GATT 规定各成员在“保护人类、动植物生命和健康”或“保护可耗竭自然资源”的前提下，可以采取必要的措施（该种措施有可能会影响或扭曲贸易）。随着环境意识的觉醒，GATT 于 1971 年建立了环境措施与国际贸易组（Group on Environmental Measures and International Trade，EMIT）。在 GATT 东京回合期间，对于以保护环境为目的的技术规制和实施的讨论最终促使在 1979 年东京回合结束时达成了技术性贸易壁垒协定（TBT），这是在 GATT 下第一个与环境相关的协定。进入 20 世纪 90 年代，随着 WTO 贸易与环境委员会的成立（CTE）以及《实施动植物卫生检疫措施的协议》（SPS）的签署，环境议题在 WTO 中的地位越来越重要。目前，环境议题是 WTO 多哈回合谈判中一个重要议题，主要包括：WTO 规则与多边环境协定（MEAs）特定贸易义务关系、MEAs 秘书处观察员地位以及环境产品与服务贸易自由化议题。从上述 WTO 中环境议题的演变历程可以看出，全球（多边）贸易框架下环境议题地位凸显。

在区域贸易协定层面，1994 年区域性贸易协定——《北美自由贸易协定》（NAFTA）正式签署，同时在《北美自由贸易协定》下还签署了《北美环境合作协定》（NAAEC）并建立了环境委员会负责处理与环境相关的事务。NAFTA 的签署成为一个风向标，随后美、加与其他国家签署的贸易协定中均参照《北美自由贸易协定》设置了环境章节或相关环境条款，欧洲以欧盟为代表也在随后的双边或多边贸易协定中设置可持续发展章节或设置环境条款。在区域贸易协定框架下，环境议题的地位也在日益凸显。

一方面是在贸易协定中加入环境条款，或在贸易框架下探讨环境议题，另一方面是在多边环境协定中对于贸易的讨论也越来越多。

2003 年 WTO 秘书处的报告指出，目前全球有不少于 14 个多边环境协定中包含贸易条款，这些多边环境协定包括《濒危野生动植物种国际贸易公约》（CITES，1975 年）、《关于消耗臭氧层物质的蒙特利尔议定书》（1987 年）、《控制危险废物越境转移及其处置巴塞尔公约》（1989 年）等，多边环境协定中关于贸易限制措施的规定对贸易的影响逐渐增强，多边环境协定对于贸易的规制体现了环境治理对于贸易的重视程度越发增强。

1992 年召开的里约峰会上，领导人意识到环境与贸易正在相互交融，因而指出并承诺要加强在环境与贸易两个领域之间政策的相互支持从而促进可持续发展目标的实现。这些都表明，全球贸易治理体系和环境治理体系正在相互渗透，贸易协定中纳入环境条款无论在理论层面还是在实践层面都有强有力的支撑和基础。

# 3 环境条款在自由贸易协定中的发展及原因分析

自由贸易协定很早就出现，蓬勃发展于20世纪90年代后期。自由贸易协定存在并快速发展有其历史和现实因素：首先，自由贸易协定早在关税与贸易总协定形成之前就长期存在；其次，自由贸易协定在关税与贸易总协定及世界贸易组织的法律条款中被承认，有国际法依据，例如根据1947年《关税与贸易总协定》第24条以及对其的解释说明，自由贸易区可以在满足一定条件下存在[①]；另外，由于经济危机的出现，各国纷纷加快商签自由贸易协定的步伐，以保持扩大出口、扩大国际市场。

从全球看，自由贸易协定具有如下几个特点：一是，自由贸易协定发展迅速。自WTO后，每年有20多个自由贸易协定生效实施。二是，在数量大幅增加的同时，全球自由贸易协定还呈现网络化发展趋势[②]。一些国家先后与多个对象国建立自由贸易协定关系，形成了类似于车轮轮轴与辐条的结构形态，处于轴心地位的国家成为"轮轴—辐条"体系中的轮轴国，既形成以自我为中心的自由贸易协定网络，也成为全球自由贸易协定中的关键节点。三是，从自由贸易协定的构成情况来看，目前已经签署或者正在谈判的自由贸易协定中，以双边协定居多，占80%左右，包括两个国家之间的自由贸易协定，也包括一方为某个国家，而另一方为区域集团或区域集团之间的自由贸易协定。多边自由贸易协定数量相对较少。四是，从自由贸易协定的内容来看，传统的自由贸易协定涵盖范围以货物贸易为主，所涉及的规则也局限于关税减让和非关税壁垒等。随着经济全球化日益发展，自由化的范围相应扩大。在内容上自由贸易协定涵盖的范围大大扩展，包括服务贸易、投资自由化、贸易争端解决、知识产权、竞争、环境和劳工标准等。五是，从自由贸易协定的参与方来看，发达国家与发展中国家之间签署的自由贸易协定约占40%，发展中国家之间签署的约占20%。六是，从自由贸易协定的地域属性来看，区域性自由贸易协定和跨区域自由贸易协定基本持平，跨区域自由贸易协定略多。

---

① 主要条件包括：贸易壁垒在一体化之后大体上不增加；同意在一段"合理"时期内消除"实质上全部的"区内货物交换的所有关税和其他贸易限制；以上措施将向GATT通报，GATT会决定设立一个工作组来确定以上条件是否得到满足。

② 杨静．自由贸易协定知识产权条款研究．法律出版社，2013：8.

## 3.1 环境条款在自由贸易协定中的发展

环境条款在贸易协定中的发展大致经历了如下历程：首先是对环境与贸易相互作用、相互影响的认识，到环境主义者的强力推动，导致在 NAFTA 中首先设立环境条款及附属协定，接着是 WTO 设立贸易与环境委员会及贸易与环境谈判议题，然后是美国墨西哥金枪鱼海豚争端引发导火索，发展到现在自由贸易协定中开始大规模出现环境条款或环境章节。

早期自由贸易协定中关于环境的条款，均为环境例外条款，说明早期各国普遍认为环境与贸易是对立的或排斥的，环境是完全排除在贸易之外的。与整个自由贸易协定发展历程相类似，环境条款在自由贸易协定中近年来得到快速发展。截至 2014 年 6 月底，除去非英语和无法获得的 25 个自由贸易协定外的 200 个自由贸易协定中，共有 170 个包含环境相关条款，占 85%，详见表 3-1。包含环境相关条款的自由贸易协定中，有 30 个自由贸易协定涉及独立环境章节[①]，详见表 3-2。

**表 3-1 自由贸易协定中的环境条款**

| 序号 | 协定名称 | 生效时间 | 环境例外条款 | 序言 | 投资章节 | TBT | SPS | 技术合作 | 政府采购 | 市场准入 | 争端解决 | 环境章节 | 贸易处罚 | 其他 |
|---|---|---|---|---|---|---|---|---|---|---|---|---|---|---|
| 1 | EFTA—阿尔巴尼亚 | 2010.11.01 | | √ | | | | | √ | | | | | |
| 2 | EFTA—埃及 | 2007.08.01 | √ | √ | √ | | | √ | | | | | | |
| 3 | EFTA—巴勒斯坦权力机构 | 1999.07.01 | √ | √ | | | | | | | | | | |
| 4 | EFTA—哥伦比亚 | 2011.07.01 | √ | √ | √ | | √ | | √ | | | | | |
| 5 | EFTA—墨西哥 | 2001.07.01 | √ | √ | | | | | √ | | | | | |
| 6 | EFTA—以色列 | 1993.01.01 | √ | | | | | | | | | | | |
| 7 | EFTA—SACU | 2008.05.01 | | | √ | | | | | | | | | |
| 8 | EFTA—冰岛 | 1970.03.01 | √ | √ | √ | | | | | | | | √ | |
| 9 | EFTA—韩国 | 2006.09.01 | | √ | | | | | | | | | | |
| 10 | EFTA—黑山 | 2012.09.01 | | √ | | | | | √ | | √ | √ | | |
| 11 | EFTA—加拿大 | 2009.07.01 | √ | √ | | | | | | | | | | |
| 12 | EFTA—黎巴嫩 | 2007.01.01 | √ | √ | | | | | | | | | | |
| 13 | EFTA—秘鲁 | 2011.07.01 | √ | √ | | | √ | | √ | | | | | |
| 14 | EFTA—摩洛哥 | 1999.12.01 | √ | √ | | | | | | | | | | |
| 15 | EFTA—前南斯拉夫马其顿 | 2002.05.01 | √ | √ | | | | | | | | | | |
| 16 | EFTA—塞尔维亚 | 2010.10.01 | | √ | | | | | √ | | | | | |
| 17 | EFTA—突尼斯 | 2005.06.01 | √ | √ | | | | √ | | | | | | |

① 这里的环境章节也包括可持续发展章节，例如欧盟签署的相关贸易与可持续发展章节。

| 序号 | 协定名称 | 生效时间 | 环境例外条款 | 序言 | 投资章节 | TBT | SPS | 技术合作 | 政府采购 | 市场准入 | 争端解决 | 环境章节 | 贸易处罚 | 其他 |
|---|---|---|---|---|---|---|---|---|---|---|---|---|---|---|
| 18 | EFTA—土耳其 | 1992.04.01 | √ | | | | | | | | | | | |
| 19 | EFTA—乌克兰 | 2012.06.01 | | √ | √ | | | | √ | | | | | |
| 20 | EFTA—新加坡 | 2003.01.01 | √ | √ | √ | | | | | | | | | |
| 21 | EFTA—约旦 | 2002.09.01 | √ | √ | | | | | | | | | | |
| 22 | EFTA—智利 | 2004.12.01 | √ | √ | | | | | | | | | | |
| 23 | EFTA—中国香港 | 2012.10.01 | √ | √ | √ | | | | | | | √ | | |
| 24 | 埃及—土耳其 | 2007.03.01 | √ | | | | | | | | | | | |
| 25 | 澳大利亚—巴布亚新几内亚（PATCRA） | 1977.02.01 | √ | √ | | | | | | | | | | |
| 26 | 澳大利亚—新西兰（ANZCERTA） | 1983.01.01(G）/ 1989.01.01(S) | √ | √ | | | | | | | | | | |
| 27 | 澳大利亚—智利 | 2009.03.06 | √ | √ | | | √ | √ | √ | | | | √ | |
| 28 | 巴基斯坦—马来西亚 | 2008.01.01 | √ | | | | √ | | | | | | | |
| 29 | 巴基斯坦—斯里兰卡 | 2005.06.12 | √ | | | | | | | | | | | |
| 30 | 巴基斯坦—中国 | 2007.07.01(G)/ 2009.10.10(S) | | √ | | | √ | | | | | | | |
| 31 | 巴拿马—新加坡 | 2006.07.24 | | | | | | | | | | | | |
| 32 | 巴拿马—中国台北 | 2004.01.01 | | √ | √ | | √ | | | | | | | |
| 33 | 北美自由贸易协定（NAFTA） | 1994.01.01 | | √ | √ | √ | √ | | | | √ | | | |
| 34 | 冰岛—法罗群岛 | 2006.11.01 | √ | | | | | | | | | | | |
| 35 | 冰岛—中国 | 2014.07.01 | | √ | | | √ | | | | | | | |
| 36 | 东盟—澳大利亚—新西兰 | 2010.01.01 | √ | √ | √ | | √ | | | | | | | |
| 37 | 东盟—韩国 | 2010.01.01(G)/ 2009-05-01(S) | | √ | √ | | | √ | | | | | | |
| 38 | 东盟—日本 | 2008.12.01 | √ | | | | | √ | | | | | | |
| 39 | 东盟—印度 | 2010.01.01 | | | | | | | | | | | | |
| 40 | 东盟—中国 | 2005.01.01(G）/ 2007.07.01(S) | √ | | | | | √ | | | | | | |
| 41 | 东盟自由贸易区（AFTA） | 1992.01.28 | √ | | √ | | | | | | | | | |
| 42 | 独立国家联合体 | 2012.09.20 | | | | | | | | | | | | |
| 43 | 独立国家联合体（独联体） | 1994.12.30 | √ | | | | | | | | | | | |
| 44 | 俄罗斯—阿塞拜疆 | 1993.02.17 | √ | | | | | | | | | | | |
| 45 | 俄罗斯—白俄罗斯 | 1993.04.20 | √ | | | | | | | | | | | |
| 46 | 俄罗斯—哈萨克斯坦 | 1993.06.07 | √ | | | | | | | | | | | |
| 47 | 俄罗斯—摩尔多瓦 | 1993.03.20 | | | | | | | | | | | | |
| 48 | 俄罗斯—塞尔维亚 | 2006.06.03 | √ | | | | | | | | | | | |
| 49 | 俄罗斯—塔吉克斯坦 | 1993.04.08 | | | | | | | | | | | | |

| 序号 | 协定名称 | 生效时间 | 环境例外条款 | 序言 | 投资章节 | TBT | SPS | 技术合作 | 政府采购 | 市场准入 | 争端解决 | 环境章节 | 贸易处罚 | 其他 |
|---|---|---|---|---|---|---|---|---|---|---|---|---|---|---|
| 50 | 俄罗斯—土库曼斯坦 | 1993.04.06 | | | | | | | | | | | | |
| 51 | 俄罗斯—乌兹别克斯坦 | 1993.03.25 | | | | | | | | | | | | |
| 52 | 法罗群岛—挪威 | 1993.07.01 | √ | | | | | | | | | | | |
| 53 | 法罗群岛—瑞士 | 1995.03.01 | √ | | | | | | | | | | | |
| 54 | 哥斯达黎加—新加坡 | 2012.07.01 | | | √ | √ | √ | | | | | | | |
| 55 | 格鲁吉亚—阿塞拜疆 | 1996.07.10 | √ | | | | | | | | | | | |
| 56 | 格鲁吉亚—俄罗斯 | 1994.05.10 | √ | | | | | | | | | | | |
| 57 | 格鲁吉亚—哈萨克斯坦 | 1999.07.16 | √ | | | | | | | | | | | |
| 58 | 格鲁吉亚—土库曼斯坦 | 2000.01.01 | √ | | | | | | | | | | | |
| 59 | 格鲁吉亚—乌克兰 | 1996.06.04 | √ | | | | | | | | | | | |
| 60 | 格鲁吉亚—亚美尼亚 | 1998.11.11 | √ | | | | | | | | | | | |
| 61 | 共同经济区（CEZ） | 2004.05.20 | | | | | | | | | | | | |
| 62 | 韩国—美国 | 2012.03.15 | √ | √ | √ | | √ | | √ | | | √ | | |
| 63 | 韩国—土耳其 | 2013.05.01 | | √ | | | | | | | | √ | | |
| 64 | 韩国—新加坡 | 2006.03.02 | | | | | | | | | | | | |
| 65 | 韩国—印度 | 2010.01.01 | √ | | | | | | | | | | | |
| 66 | 韩国—智利 | 2004.04.01 | √ | | √ | | √ | | | √ | | | | |
| 67 | 吉尔吉斯—俄罗斯 | 1993.04.24 | √ | | | | | | | | | | | |
| 68 | 吉尔吉斯—哈萨克斯坦 | 1995.11.11 | √ | | | | | | | | | | | |
| 69 | 吉尔吉斯—摩尔多瓦 | 1996.11.21 | √ | | | | | | | | | | | |
| 70 | 吉尔吉斯斯坦—乌兹别克斯坦 | 1998.03.20 | √ | | | | | | | | | | | |
| 71 | 吉尔吉斯—乌克兰 | 1998.01.19 | √ | | | | | | | | | | | |
| 72 | 吉尔吉斯—亚美尼亚 | 1995.10.27 | √ | | | | | | | | | | | |
| 73 | 加拿大—巴拿马 | 2013.04.01 | √ | √ | | √ | √ | | √ | | | √ | | |
| 74 | 加拿大—哥伦比亚 | 2011.08.15 | √ | √ | | √ | √ | | √ | | √ | √ | | |
| 75 | 加拿大—哥斯达黎加 | 2002.11.01 | √ | √ | | | | | | | | | | |
| 76 | 加拿大—秘鲁 | 2009.08.01 | √ | √ | | √ | √ | | √ | | | √ | | |
| 77 | 加拿大—以色列 | 1997.01.01 | √ | | | | | | | | | | | |
| 78 | 加拿大—约旦 | 2012.10.01 | √ | √ | | | | | | | √ | √ | | |
| 79 | 加拿大—智利 | 1997.07.05 | | √ | | | | | | | | | | |
| 80 | 跨太平洋战略经济伙伴关系（Trans—Pacific Strategic Economic Partnership） | 2006.05.28 | | √ | | √ | √ | | √ | | | | | |
| 81 | 马来西亚—澳大利亚 | 2013.01.01 | √ | | √ | | √ | √ | | | | | | |
| 82 | 美国—阿曼 | 2009.01.01 | √ | √ | √ | | | | √ | | √ | √ | | |
| 83 | 美国—澳大利亚 | 2005.01.01 | | √ | √ | | √ | | √ | | | √ | | |
| 84 | 美国—巴林 | 2006.08.01 | √ | | | | √ | | √ | | | √ | | |

| 序号 | 协定名称 | 生效时间 | 环境例外条款 | 序言 | 投资章节 | TBT | SPS | 技术合作 | 政府采购 | 市场准入 | 争端解决 | 环境章节 | 贸易处罚 | 其他 |
|---|---|---|---|---|---|---|---|---|---|---|---|---|---|---|
| 85 | 美国—巴拿马 | 2012.10.31 | √ | √ | √ |  | √ |  |  |  |  | √ |  |  |
| 86 | 美国—哥伦比亚 | 2012.05.15 | √ | √ | √ |  | √ |  | √ |  | √ | √ |  |  |
| 87 | 美国—秘鲁 | 2009.02.01 | √ | √ | √ |  | √ |  | √ |  | √ | √ |  |  |
| 88 | 美国—摩洛哥 | 2006.01.01 |  | √ | √ |  |  |  | √ |  | √ | √ |  |  |
| 89 | 美国—新加坡 | 2004.01.01 | √ | √ | √ |  |  |  | √ |  | √ | √ |  |  |
| 90 | 美国—以色列 | 1985.08.19 |  |  |  |  |  |  |  |  |  |  |  |  |
| 91 | 美国—约旦 | 2001.12.17 | √ | √ |  |  |  |  |  |  |  | √ |  |  |
| 92 | 美国—智利 | 2004.01.01 | √ | √ | √ |  | √ |  | √ |  | √ | √ |  |  |
| 93 | 美国—中美洲—多米尼加自由贸易协定 | 2006.03.01 |  | √ | √ |  | √ |  | √ |  | √ | √ |  |  |
| 94 | 秘鲁—韩国 | 2011.08.01 | √ | √ |  |  |  |  | √ |  |  | √ |  |  |
| 95 | 秘鲁—新加坡 | 2009.08.01 |  |  | √ |  |  |  |  |  |  |  |  |  |
| 96 | 秘鲁—中国 | 2010.03.01 | √ | √ |  | √ | √ |  |  |  |  |  |  |  |
| 97 | 南部非洲发展共同体（SADC） | 2000.09.01 |  |  |  |  |  |  |  |  |  |  |  |  |
| 98 | 南亚自由贸易协定 | 2006.01.01 |  |  |  |  |  |  |  |  |  |  |  |  |
| 99 | 尼加拉瓜—中国台北 | 2008.01.01 |  | √ | √ | √ | √ |  |  |  |  | √ |  |  |
| 100 | 欧盟—阿尔巴尼亚 | 2006.12.01(G)/2009.04.01(S) | √ |  |  |  |  | √ |  |  |  |  |  | √ |
| 101 | 欧盟—阿尔及利亚 | 2005.09.01 | √ | √ |  |  |  | √ |  |  |  |  |  |  |
| 102 | 欧盟—埃及 | 2004.06.01 | √ |  |  |  |  | √ |  |  |  |  |  |  |
| 103 | 欧盟—巴布亚新几内亚/斐济 | 2009.12.20 | √ |  |  |  |  |  |  |  |  | √ |  |  |
| 104 | 欧盟—巴勒斯坦权力机构 | 1997.07.01 | √ | √ | √ |  |  |  |  |  |  |  |  |  |
| 105 | 欧盟—冰岛 | 1973.04.01 |  |  |  |  |  |  |  |  |  |  |  |  |
| 106 | 欧盟—波黑 | 2008.07.01 | √ |  |  |  |  |  |  |  |  |  |  |  |
| 107 | 欧盟—东部和南部非洲国家经济伙伴关系协定 | 2012.05.14 | √ | √ |  |  |  |  |  |  |  |  |  |  |
| 108 | 欧盟—法罗群岛 | 1997.01.01 |  |  |  |  |  |  |  |  |  |  |  |  |
| 109 | 欧盟—哥伦比亚和秘鲁 | 2013.03.01 | √ | √ |  | √ | √ |  |  |  |  | √ |  |  |
| 110 | 欧盟—格鲁吉亚 | 2014.09.01 |  | √ | √ |  | √ |  |  |  |  | √ |  |  |
| 111 | 欧盟—海外国家和地区 | 1971.01.01 |  | √ | √ |  |  |  |  |  |  |  |  |  |
| 112 | 欧盟—韩国 | 2011.07.01 |  | √ |  | √ | √ |  |  |  |  | √ |  |  |
| 113 | 欧盟—黑山 | 2008.01.01(G)/2010.05.01(S) |  |  |  |  |  | √ |  |  |  |  |  |  |
| 114 | 欧盟—加勒比共同体 | 2008.11.01 |  | √ |  | √ | √ |  |  |  |  | √ |  |  |
| 115 | 欧盟—喀麦隆 | 2014.08.04 |  | √ |  | √ | √ | √ |  |  |  | √ |  |  |
| 116 | 欧盟—科特迪瓦 | 2009.01.01 |  | √ |  | √ | √ |  |  |  |  |  |  |  |

| 序号 | 协定名称 | 生效时间 | 环境例外条款 | 序言 | 投资章节 | TBT | SPS | 技术合作 | 政府采购 | 市场准入 | 争端解决 | 环境章节 | 贸易处罚 | 其他 |
|---|---|---|---|---|---|---|---|---|---|---|---|---|---|---|
| 117 | 欧盟—黎巴嫩 | 2003.03.01 | √ | | | | | | | | | | | |
| 118 | 欧盟—摩尔多瓦 | 2014.09.01 | | √ | | √ | √ | √ | | | | | | |
| 119 | 欧盟—摩洛哥 | 2000.03.01 | √ | | | | | √ | | | | | | |
| 120 | 欧盟—墨西哥 | 2000.07.01(G)/<br>2000.10.01(S) | | √ | | | | √ | | | | | | |
| 121 | 欧盟—南非 | 2000.01.01 | √ | | | | | | | | | | | |
| 122 | 欧盟—挪威 | 1973.07.01 | | | | | | | | | | | | |
| 123 | 欧盟—前南斯拉夫马其顿 | 2001.06.01(G)/<br>2004.04.01(S) | √ | | | | | √ | | | | | | |
| 124 | 欧盟—瑞士—列支敦士登 | 1973.01.01 | | | | | | | | | | | | |
| 125 | 欧盟—塞尔维亚 | 2010.02.01(G)/<br>2013.09.01(S) | √ | | | | | | | | | | | |
| 126 | 欧盟—突尼斯 | 1998.03.01 | √ | √ | | | | √ | | | | | | |
| 127 | 欧盟—乌克兰 | | | √ | | | √ | | | | | | | |
| 128 | 欧盟—叙利亚 | 1977.07.01 | | | | | | √ | | | | | | |
| 129 | 欧盟—以色列 | 2000.06.01 | √ | | | | | √ | | | | | | |
| 130 | 欧盟—约旦 | 2002.05.01 | | | | | | √ | | | | | | |
| 131 | 欧盟—智利 | 2003.02.01(G)/<br>2005.03.01(S) | | √ | | √ | √ | √ | | | | | | |
| 132 | 欧盟—中美洲 | 2013.08.01 | | √ | | | | √ | √ | | | | | |
| 133 | 欧洲经济区（EEA） | 1994.01.01 | √ | √ | √ | | | √ | | | √ | | | |
| 134 | 欧洲自由贸易联盟（EFTA） | 1960.05.03(G)/<br>2002.06.01(S) | | √ | √ | | | | | | | | | |
| 135 | 日本—菲律宾 | 2008.12.11 | √ | | √ | | | √ | | | | | | |
| 136 | 日本—马来西亚 | 2006.07.13 | | | | | | √ | | | | | | |
| 137 | 日本—秘鲁 | 2012.03.01 | √ | √ | √ | | | | | | | | | |
| 138 | 日本—墨西哥 | 2005.04.01 | | | | | | √ | | | | | | |
| 139 | 日本—瑞士 | 2009.09.01 | | √ | √ | | | | | | | | | |
| 140 | 日本—泰国 | 2007.11.01 | √ | | √ | | | | | | | | | |
| 141 | 日本—新加坡 | 2002.11.30 | | | | | | | | | | | | |
| 142 | 日本—印尼 | 2008.07.01 | | | √ | | | | | | | | | |
| 143 | 日本—越南 | 2009.10.01 | | | | | | | | | | | | |
| 144 | 瑞士—中国 | 2014.07.01 | | √ | | | √ | | | | | √ | | |
| 145 | 太平洋岛屿国家贸易协定（PICTA） | 2003.04.13 | | | | | | | | | | | | |
| 146 | 泰国—澳大利亚 | 2005.01.01 | | | | √ | √ | | | | | | | |
| 147 | 泰国—新西兰 | 2005.07.01 | | √ | | √ | √ | | | | | | | |
| 148 | 土耳其—阿尔巴尼亚 | 2008.05.01 | √ | | | | | | | | | | | |

| 序号 | 协定名称 | 生效时间 | 环境例外条款 | 序言 | 投资章节 | TBT | SPS | 技术合作 | 政府采购 | 市场准入 | 争端解决 | 环境章节 | 贸易处罚 | 其他 |
|---|---|---|---|---|---|---|---|---|---|---|---|---|---|---|
| 149 | 土耳其—巴勒斯坦权力机构 | 2005.06.01 | √ | | | | | √ | | | | | | |
| 150 | 土耳其—波黑 | 2003.07.01 | √ | | | | | | | | | | | |
| 151 | 土耳其—格鲁吉亚 | 2008.11.01 | √ | | | | | | | | | | | |
| 152 | 土耳其—黑山 | 2010.03.01 | √ | | | | | | | | | | | |
| 153 | 土耳其—毛里求斯 | 2013.06.01 | | | | | √ | | | | | | | |
| 154 | 土耳其—摩洛哥 | 2006.01.01 | | | | | √ | | | | | | | |
| 155 | 土耳其—前南斯拉夫马其顿 | 2000.09.01 | | | | | | | | | | | | |
| 156 | 土耳其—塞尔维亚 | 2010.09.01 | √ | | | | | | | | | | | |
| 157 | 土耳其—突尼斯 | 2005.07.01 | √ | | | | | | | | | | | |
| 158 | 土耳其—叙利亚 | 2007.01.01 | √ | | | | | | | | | | | |
| 159 | 土耳其—以色列 | 1997.05.01 | √ | | | | √ | | | | | | | |
| 160 | 土耳其—约旦 | 2011.03.01 | √ | | | | | | | | | | | |
| 161 | 土耳其—智利 | 2011.03.01 | | √ | | | √ | | | | | | | |
| 162 | 文莱—日本 | 2008.07.31 | √ | | √ | | | √ | √ | | | | | |
| 163 | 乌克兰—阿塞拜疆 | 1996.09.02 | √ | | | | | | | | | | | |
| 164 | 乌克兰—白俄罗斯 | 2006.11.11 | √ | | | | | | | | | | | |
| 165 | 乌克兰—俄罗斯 | 1994.02.21 | √ | | | | | | | | | | | |
| 166 | 乌克兰—哈萨克斯坦 | 1998.10.19 | √ | | | | | | | | | | | |
| 167 | 乌克兰—黑山 | 2013.01.01 | | | | | | | | | | | | |
| 168 | 乌克兰—摩尔多瓦 | 2005.05.19 | | | | | | | | | | | | |
| 169 | 乌克兰—前南斯拉夫马其顿 | 2001.07.05 | | | | | | | | | | | | |
| 170 | 乌克兰—塔吉克斯坦 | 2002.07.11 | √ | | | | | | | | | | | |
| 171 | 乌克兰土库曼斯坦 | 1995.11.04 | √ | | | | | | | | | | | |
| 172 | 乌克兰—乌兹别克斯坦 | 1996.01.01 | √ | | | | | | | | | | | |
| 173 | 新加坡—澳大利亚 | 2003.07.28 | | | | | √ | | √ | | | | | |
| 174 | 新加坡—中国台北 | 2014.04.19 | | | | √ | √ | | | | | | | |
| 175 | 新西兰—马来西亚 | 2010.08.01 | √ | √ | | √ | √ | √ | | | | | | |
| 176 | 新西兰—新加坡 | 2001.01.01 | | | | | | | | | | | | |
| 177 | 新西兰—中国台北 | 2013.12.01 | | | | | | | | | | √ | | |
| 178 | 亚美尼亚—俄罗斯 | 1993.03.25 | √ | | | | | | | | | | | |
| 179 | 亚美尼亚—哈萨克斯坦 | 2001.12.25 | √ | | | | | | | | | | | |
| 180 | 亚美尼亚—摩尔多瓦 | 1995.12.21 | √ | | | | | | | | | | | |
| 181 | 亚美尼亚—土库曼斯坦 | 1996.07.07 | √ | | | | | | | | | | | |
| 182 | 亚美尼亚—乌克兰 | 1996.12.18 | √ | | | | | | | | | | | |
| 183 | 以色列—墨西哥 | 2000.07.01 | √ | | | | | | | | | | | |
| 184 | 印度—不丹 | 2006.07.29 | | | | | | | | | | | | |

| 序号 | 协定名称 | 生效时间 | 环境例外条款 | 序言 | 投资章节 | TBT | SPS | 技术合作 | 政府采购 | 市场准入 | 争端解决 | 环境章节 | 贸易处罚 | 其他 |
|---|---|---|---|---|---|---|---|---|---|---|---|---|---|---|
| 185 | 印度—马来西亚 | 2011.07.01 | | | | | | | | | | | | |
| 186 | 印度—日本 | 2011.08.01 | √ | | | | | | | √ | √ | | | |
| 187 | 印度—斯里兰卡 | 2001.12.15 | | | | | | | | | | | | |
| 188 | 印度—新加坡 | 2005.08.01 | | √ | √ | | | | | | | | | |
| 189 | 约旦—新加坡 | 2005.08.22 | | | | | | | | | | | | |
| 190 | 智利—马来西亚 | 2012.02.25 | | √ | | | √ | √ | | | | | | |
| 191 | 智利—日本 | 2007.09.03 | √ | √ | √ | | | | | | | | | |
| 192 | 智利—中国 | 2006.10.01(G)/<br>2010.08.01(S) | | √ | | | √ | | | | | | | |
| 193 | 中国—哥斯达黎加 | 2011.08.01 | √ | √ | √ | √ | √ | | √ | | | | | |
| 194 | 中国—香港 | 2003.06.29 | | | | | | | | | | | | |
| 195 | 中国香港—新西兰 | 2011.01.01 | √ | √ | | √ | √ | √ | | √ | | | | |
| 196 | 中国香港—智利 | 2014.10.09 | √ | √ | | √ | √ | √ | √ | | √ | √ | | |
| 197 | 中国—新加坡 | 2009.01.01 | √ | | | √ | √ | | | | | | | |
| 198 | 中国—新西兰 | 2008.10.01 | √ | √ | | √ | √ | | | √ | | | | |
| 199 | 中国—中国澳门 | 2003.10.17 | √ | | | | | | | | | | | |
| 200 | 中欧自由贸易协定<br>Central European Free Trade Agreement | 2007.05.01 | | | | | √ | | | | | | | |
| | 合计 | | 119 | 83 | 41 | 22 | 52 | 32 | 28 | 4 | 14 | 30 | 2 | 1 |

资料来源：作者根据 WTO 网站信息整理。

注：截至 2014 年 6 月 15 日，已通报 WTO 并生效的自由贸易协定共计 225 个。其中，由于智利—哥伦比亚、智利—哥斯达黎加、智利—萨尔瓦多、智利—危地马拉、智利—洪都拉斯、智利—墨西哥、智利—尼加拉瓜、哥伦比亚—墨西哥、哥伦比亚—北三角形(萨尔瓦多、危地马拉、洪都拉斯)、哥斯达黎加—秘鲁、多米尼加—中美洲、墨西哥—中美洲、墨西哥—乌拉圭、巴拿马—智利、巴拿马—哥斯达黎加、巴拿马-萨尔瓦多、巴拿马—危地马拉、巴拿马—洪都拉斯、巴拿马—尼加拉瓜、巴拿马—秘鲁、秘鲁—智利、秘鲁—墨西哥共计 23 个自由贸易协定未提供英文文本，萨尔瓦多—洪都拉斯—中国台北、危地马拉—中国台北、泛阿拉伯自由贸易区（PAFTA）3 个自由贸易协定网站无法打开，本表格共计梳理 200 个自由贸易协定文本。

**表 3-2 含有环境章节的自由贸易协定**

| 序号 | 自由贸易协定 | 签订日期 | 生效日期 | 通告日期 | 章节标题 |
|---|---|---|---|---|---|
| 1 | EFTA—黑山 | 2011.11.14 | 2012.09.01 | 2012.10.24 | 章节 6 贸易和可持续发展 |
| 2 | EFTA—中国香港 | 2011.06.21 | 2012.10.01 | 2012.09.27 | 章节 8 贸易和环境 |
| 3 | 韩国—秘鲁 | 2011.03.21 | 2011.08.01 | 2011.08.09 | 章节 19 环境 |
| 4 | 韩国—土耳其 | 2012.08.01 | 2013.03.01 | 2013.04.30 | 章节 5 贸易和可持续发展 |
| 5 | 加拿大—巴拿马 | 2010.05.14 | 2013.04.01 | 2013.04.10 | 章节 17 环境 |
| 6 | 加拿大—哥伦比亚 | 2008.11.21 | 2011.08.15 | 2011.10.07 | 章节 17 环境 |
| 7 | 加拿大—秘鲁 | 2008.05.29 | 2009.08.01 | 2009.07.31 | 章节 17 环境 |

| 序号 | 自由贸易协定 | 签订日期 | 生效日期 | 通告日期 | 章节标题 |
|---|---|---|---|---|---|
| 8 | 加拿大—约旦 | 2009.06.28 | 2012.10.01 | 2013.04.10 | 章节 10 环境 |
| 9 | 美国—阿曼 | 2006.01.19 | 2009.01.01 | 2009.01.30 | 章节 17 环境 |
| 10 | 美国—澳大利亚 | 2004.03.18 | 2005.01.01 | 2004.12.22 | 章节 19 环境 |
| 11 | 美国—巴林 | 2005.09.14 | 2006.08.01 | 2006.09.08 | 章节 16 环境 |
| 12 | 美国—巴拿马 | 2007.06.28 | 2012.10.31 | 2012.10.29 | 章节 17 环境 |
| 13 | 美国—哥伦比亚 | 2006.11.22 | 2012.03.15 | 2012.03.08 | 章节 18 环境 |
| 14 | 美国—韩国 | 2007.06.30 | 2012.03.15 | 2012.03.15 | 章节 20 环境 |
| 15 | 美国—秘鲁 | 2006.04.12 | 2009.02.01 | 2009.02.03 | 章节 18 环境 |
| 16 | 美国—摩洛哥 | 2004.06.15 | 2006.01.01 | 2005.12.30 | 章节 17 环境 |
| 17 | 美国—新加坡 | 2003.03.06 | 2004.01.01 | 2003.12.17 | 章节 18 环境 |
| 18 | 美国—约旦 | 2000.10.24 | 2001.12.17 | 2002.01.15 | 条款 5 环境 |
| 19 | 美国—智利 | 2003.06.06 | 2004.01.01 | 2003.12.16 | 章节 19 环境 |
| 20 | 美国—中美洲—多米尼加 | 2004.08.05 | 2006.03.01 | 2006.03.17 | 章节 17 环境 |
| 21 | 尼加拉瓜—中国台北 | 2006.06.16 | 2008.01.01 | 2009.07.09 | 章节 19 环境 |
| 22 | 欧盟—巴布亚新几内亚—斐济 | 2009.07.30 | 2009.12.20 | 2011.10.18 | 部分 I 可持续发展的贸易伙伴关系 |
| 23 | 欧盟—哥伦比亚和秘鲁 | 2012.06.26 | 2013.03.01 | 2013.02.26 | 标题 IX 贸易和可持续发展 |
| 24 | 欧盟—格鲁吉亚 | 2014.06.27 | 2014.09.01 | 2014.07.02 | 章节 13 贸易和可持续发展 |
| 25 | 欧盟—韩国 | 2010.10.06 | 2011.07.01 | 2011.07.07 | 章节 13 贸易和可持续发展 |
| 26 | 欧盟—加勒比共同体 | 2008.10.15 | 2008.11.01 | 2008.10.16 | 部分 I 可持续发展的贸易伙伴关系 |
| 27 | 欧盟—喀麦隆 | 2009.01.15 | 2009.10.01 | 2009.09.24 | 题目 V 相关贸易条例<br>章节 5 可持续发展 |
| 28 | 新西兰—中国台北 | 2013.11.07 | 2014.04.19 | 2014.04.22 | 章节 17 贸易和环境 |
| 29 | 中国—瑞士 | 2013.07.06 | 2014.07.01 | 2014.06.30 | 章节 12 环境问题 |
| 30 | 中国香港—智利 | 2012.12.07 | 2014.10.09 | 2014.10.15 | 章节 14 环境 |

资料来源：作者根据 WTO 网站信息整理。

从时间角度看，近年来，包含环境条款的自由贸易协定大幅增加。1992 年前签署的自由贸易协定中包含环境条款，但主要是环境例外条款。1992 年美国、加拿大和墨西哥三国签订的北美自由贸易区（NAFTA）是第一个涉及环境及大量环境条款的自由贸易协定。2000 年以后，特别是近年来，包含环境条款的自由贸易协定数量大幅增加，但仍然只是在序言中出现或引用 GATT 第 XX 条或 GATS 第 XIV 条或者是环境合作。2011 年和 2012 年签署的自由贸易协定中包含环境章节的较多。2010 年 30%的自由贸易协定包含环境条款，到 2011 年超过 50%的自由贸易协定包含环境条款，到 2012 年 70%的自由贸易协定包含环境条款。

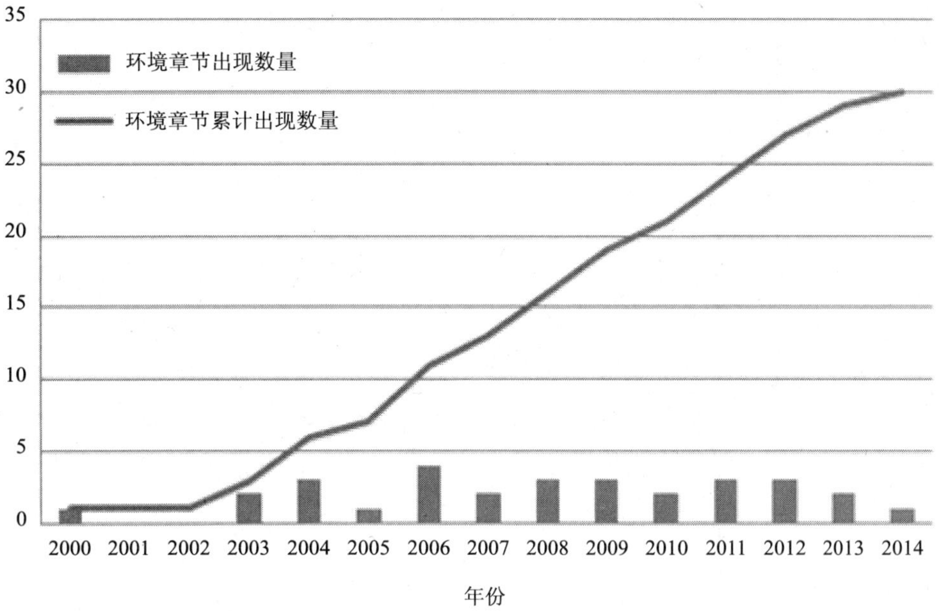


**图 3-1 自由贸易协定中的环境章节统计（2000—2014 年）**

从区域方面看，主要是发达国家与发展中国家之间签署的自由贸易协定中包括环境条款，发展中国家之间签署的协定中含环境条款的还比较少。美国、欧盟、加拿大、新西兰等国家和地区签署的自由贸易协定大多都包括环境或可持续发展条款或单独环境章节，是将环境或可持续发展条款纳入自由贸易协定的主要推动者。发展中国家签署的自由贸易协定包含的环境条款，特别是独立环境章节较少。但是，智利是一个例外，智利在其绝大多数自由贸易协定中包括了环境条款，不论是与发达国家还是与发展中国家签署的自由贸易协定，且以环境章节较多。有些发展中国家间的贸易协定起初没有包括重要的环境条款，之后又增加了处理环境问题的议定书，例如签署于 1991 年的南部共同市场（阿根廷、巴西、巴拉圭、乌拉圭）以及 2001 年签署的环境协定框架就是典型案例。最近，越来越多的发展中国家签署的自由贸易协定也包括环境章节，例如韩国、中国等。从贸易协定所包括的环境条款的数量来看，欧盟—秘鲁—哥伦比亚自由贸易协定最多，达 20 条，其次是加拿大—韩国，为 19 条。总的来看，包含环境条款最多的仍然主要是美国、欧盟、加拿大签署的相关贸易协定（见图 3-2）。

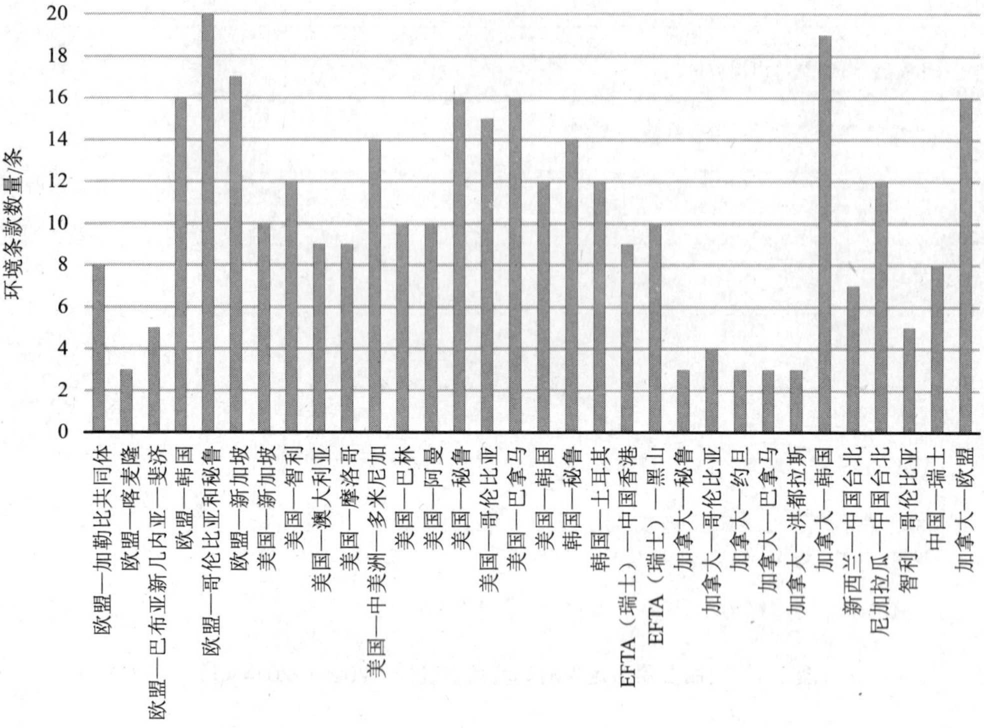


**图 3-2 自由贸易协定中包含的环境条款数量**

从存在形式看，环境相关条款主要在自由贸易协定主体文本中，如在自由贸易协定的条款（Article）①、章节（Chapter）②、其他还包括附件（Annex）③、附属协定（Side Agreement，又译为边协议）④、谅解备忘录（Memorandum of Understanding，MOU）⑤中都有涉及。各自由贸易协定中环境条款的存在形式各异。在主体文本中涉及环境相关内容，例如在序言、卫生与植物卫生措施（SPS）、一般贸易义务在环境上的豁免条款、技术合作、服务、投资、政府采购中；承诺有效执行国家环境法律、承诺相关环境标准、程序保障及公众提交程序

① 指自由贸易协定正文的条目，概述各成员在权利与义务方面的一般性原则。

② 指自由贸易协定文本的主要部分，按照具体议题小组进行划分，一般包括目标和原则、货物贸易、争端解决等章节。章节内容由若干条款组成。

③ 自由贸易协定除章节外还由若干附件组成，一般包括"国民待遇和进出口限制"、"关税减让表"、"原产地证书"、"服务部门承诺表"以及人员、机制的一般规定等。例如，中国—哥斯达黎加自由贸易协定的附件包括自由贸易委员会和自由贸易协定协调员的相关内容；美国—韩国自由贸易协定的附件包括追加谈判的协议内容、谈判纪要以及与自由贸易协定相关的文件。

④ 指与自由贸易协定同时签署的就其他专门领域进行规定的协定，其法律效力和主协议等同，通常出现在自由贸易协定文本的附件中，又称为"一揽子协议"。

⑤ 指双方经过协商、谈判达成共识后，用文本的方式记录下来，谅解旨在表明协议双方要互相体谅，妥善处理彼此的分歧和争议。在谅解备忘录中，除保密（Confidentiality）、终止（Termination）、法律适用（Governing Law）、费用分摊、排他性谈判、争议解决条款之外，其余的条款对双方都不具备法律约束力。在正式自由贸易协定签订之前，谅解备忘录双方对该协议均不具有任何法律义务。

以确保国内环境法律的执行；对环境义务实施争端解决机制、环境领域的合作和能力建设机制、在多边或区域环境协定中的调解承诺；公众参与承诺；作为主体文本的独立环境章节；环境附属协定；或者上述几者兼而有之等几种形式。欧盟—智利、日本—墨西哥、韩国—智利、墨西哥—智利、加拿大—智利等自由贸易协定序言中均提出强调可持续发展或经济、贸易和环境的一体化，美国—智利、美国—澳大利亚、美国—新加坡等自由贸易协定中的序言中则多强调环境。环境章节是欧美等发达国家较为推崇的形式，将环境内容以章节的形式出现在自由贸易协定的正文当中，一方面可以凸显环境内容的重要性，便于在议会或者国会通过自由贸易协定；另一方面，也涉及争端解决机制章节和制度安排、财务安排章节在环境章节的应用。

从内容上看，由于贸易协定中没有单一目标或结构，自由贸易协定中环境条款的目的、性质和范围等各种各样，差别很大，环境内容的深度和广度也各不相同，从一两条环境保护的概念性陈述到涉及环境标准、争端解决和机构设置的单独环境章节，情况各不相同。总体趋势是自由贸易协定中环境内容越来越详尽，而且逐渐具备法律约束力。

## 3.2 主要国家和地区自由贸易协定中的环境条款情况

美国、加拿大、欧盟、新西兰是自由贸易协定中包含环境条款的主要推动者，韩国等是发展中国家的代表，日本、印度又有其特殊性，因此下面主要就这些国家的情况进行分析。

### 3.2.1 美国

美国是自由贸易协定中设置环境条款的引领者。美国在自由贸易协定框架下讨论和设置环境议题已有 30 多年的历史，也是最早在自由贸易协定中加入环境条款或附属协定的国家之一。1992 年美国在《北美自由贸易协定》（NAFTA）框架下开始尝试设置环境议题，作为北美自由贸易区附属协定，签署了《北美环境合作协定》（NAAEC）。此后，美国签署的自由贸易协定均包含环境内容，而且对全部自由贸易协定开展了环境影响评价。美国自由贸易协定中的环境内容主要包括在序言、单独环境章节、政府采购条款中的环境考虑、争端解决机制中的环境义务、贸易约束中的环境豁免条款、卫生和植物卫生措施（SPS）等。除此之外，美国所有贸易协定中都附有一个环境合作协定（ECA）。

美国重视将贸易和环境问题平等对待。根据美国贸易代表办公室公布的相关数据，目前美国签署并已经生效的自由贸易协定有 14 个，除美国—以色列自由贸易协定外，其他 13 个均设置环境章节或环境技术合作章节或附属环境合作协定。详见表 3-3。

表 3-3 美国已生效自由贸易协定中包含环境条款的相关情况

| 协定名称 | 生效时间 | 环境章节 | 环境评价 | | 环境技术合作 | 环境合作协定 | 环境合作委员会 | 公众意见提交机制 |
|---|---|---|---|---|---|---|---|---|
| | | | 中期评价 | 终期评价 | | | | |
| 美国—澳大利亚 | 2004 | √ | √ | √ | | | | |
| 美国—巴林 | 2006 | √ | √ | √ | | | | |
| 美国—多米尼加—中美洲 | 2005 | √ | √ | √ | | √ | | |
| 美国—智利 | 2004 | √ | | √ | | | | |
| 美国—哥伦比亚 | 2011 | √ | √ | √ | | | | √ |
| 美国—约旦 | 2001 | √ | | √ | √ | | | |
| 美国—韩国 | 2011 | √ | | √ | | | | |
| 美国—摩洛哥 | 2006 | √ | √ | √ | | | | |
| 北美自由贸易区 | 1994 | | | | | √ | √ | |
| 美国—阿曼 | 2006 | √ | √ | √ | | | | |
| 美国—巴拿马 | 2011 | √ | √ | √ | | | | |
| 美国—秘鲁 | 2007 | √ | √ | √ | | √ | | |
| 美国—新加坡 | 2004 | √ | | √ | | | | |

资料来源：作者根据 USTR 网站资料整理。http://www.ustr.gov/trade-topics/environment/bilateral-and-regional-trade-agreements

美国贸易协定中包含环境条款的特征是设立独立环境章节，而且环境章节中内容丰富，特别是包含争端解决机制等约束性条款。

美国在贸易协定中力推并设置环境条款的依据在于其贸易法案中要求在自由贸易协定中设置环境章节。2002 年美国国会通过的《贸易促进授权法案》（*Trade Promotion Authority*，TPA）第 2102 段——贸易谈判目标中提出"……确保贸易与环境政策相互支持，寻求保护环境和国际合作的方法，优化使用世界资源……"，并在原则性谈判目标中设定了具体的环境目标。这成为美国日后在自由贸易协定谈判中设立环境章节的法理依据。这也是 2002 年之后美国签署的所有自由贸易协定都设有单独环境章节的原因。尽管《贸易促进授权法案》在 2007 年授权到期，但美国在 2008 年开始跨太平洋伙伴关系协议谈判的时候仍然遵循该法案设定的自由贸易协定模式，并且将 2002 年《贸易促进授权法案》中设定的贸易谈判目标更新为 2007 年《两党贸易协定》（*2007 Bipartisan Trade Deal*）中所设立的贸易谈判目标，将环境章节所要实现的目标和具体的实现过程做了更进一步增强。

除了法律规定外，美国贸易代表办公室和环保局（EPA）中有关环境与贸易的职能安排是自由贸易协定中设置环境议题的保障。美国贸易代表办公室是国会授权专门开展贸易谈判的机构。美国贸易代表办公室专门成立了环境资源办公室（USTR's office of Environment and Natural Resources，ENR）。该办公室不仅关注美国签署的双边、多边贸易和投资协定中的环境议题，也关注国外影响美国贸易利益的环境措施。美国环保局全球事务和政策办公室设有专门的贸易和经济组，其职能是处理国际贸易、投资协定与国内环境关系。在自由贸易协定的环境议题谈判、对自由贸易协定开展环境影响评估、环境议题实施中与美国贸易代表办公室共同发挥核心作用，例如在《北美环境合作协定》实施中发挥牵头作用。

### 3.2.2 欧盟

欧盟签署自由贸易协定较多，已经实施的已有 37 个。而且，签署贸易伙伴范围比较广，有非洲、亚洲、北美洲、南美洲的国家或地区。此外，欧盟和东盟、印度、马来西亚、新加坡、乌克兰、越南等也都在进行自由贸易协定谈判。

欧盟签署的自由贸易协定中涉及环境内容的特点是可持续发展，包括劳工等，而非单独环境。《欧盟—加勒比共同体经济伙伴协定》、《欧盟—喀麦隆自由贸易协定》、《欧盟—巴布亚新几内亚—斐济自由贸易协定》、《欧盟—韩国自由贸易协定》、《欧盟—哥伦比亚和秘鲁自由贸易协定》、《欧盟—新加坡自由贸易协定》中包含了可持续发展章节或内容。2011 年以后签署的欧盟—韩国、欧盟—哥伦比亚和秘鲁、欧盟—新加坡三个自由贸易协定的名称都为“贸易与可持续发展”。另一个特点是可持续发展章节内容相对较长，原因之一是包含了劳工等其他内容，例如《欧盟—韩国自由贸易协定》包含了 16 个条款。除了一般性目标、范围等内容，涉及环境内容主要包括多边环境协定、环境保护水平、透明度、环境影响、合作、机构安排、咨询、专家组和争端解决机制等。正在进行的如欧盟—越南等自由贸易协定谈判中也都包含了贸易与可持续发展的内容。此外，欧盟环境条款一般不涉及投资，很少涉及“缔约方不削弱其法律或法律执行以吸引投资”等相关内容。

欧盟环境与贸易政策是欧盟签署自由贸易协定可持续发展的重要来源。欧盟是当今世界上国际经济一体化程度最高的区域性国际组织。在其经济一体化的过程中，欧盟逐步认识到了环境保护对其经济一体化的重要影响，因此，欧盟逐步将其环境政策纳入一体化政策并体现在相关立法中。欧共体成立之初，其主要目标是建立共同市场，逐步实现经济一体化。再加上环境保护问题在当时并不是十分重要，因此，1957 年的共同体条约中并没有明确涉及环境保护。在 20 世纪 60 年代至 80 年代中期，欧共体采取与环境有关的贸易措施的法律基础大多是借用共同体条约第 100 条和第 235 条。直到单一欧洲法令生效，其第 130 条才明确提到了“环境保护”，并将环境保护纳入了共同体行动的所有领域。随后，相关的共同体条约才逐步有了环境保护的明确条款。为此，在共同体框架下采取环境措施或与环境有关的措施才有了明确的法律基础，环境保护成了共同体和成员国的共同责任。欧盟贸易政策及立法的发展经历了三个阶段。第一个阶段是从共同体成立到 1972 年联合国关于人类环境的斯德哥尔摩会议的召开。在此期间，共同体法令中只能说偶尔有些关于环境保护的暗示。在此期间，可以称得上共同体的环境贸易政策的则是一些为消除扭曲贸易的国内环境规则的差别而采取的有关产品标准的措施。第二个阶段则是从1973年到20世纪80年代中期。这期间共同体环境保护是经济和社会发展的基础的思想指导下，利用现存的条约权利和机制不断对条约进行一些新的解释，弥补了欧共体条约第235条的缺陷，并最终导致了将环境保护引入单一欧洲法令。第三个阶段则是从单一欧洲法令生效到现在。单一欧洲法令第一次明确提到了环境保护，而后的欧盟条约及欧洲法院的案例都明确将环境保护列为欧盟的重要任务，逐步形成了完整的共同体的环境贸易政策及法律体系。

除此之外，欧盟还建立了环境与贸易协调机制。首先，欧盟在处理贸易自由与环境保护的关系上充分强调了环境保护的重要性，在共同体的政策中强调必须纳入环境保护政策。在环境与贸易的关系中，欧盟坚持环境保护可以作为贸易自由的例外，即为了保护环境，可以实施贸易限制措施。但是，在环境与贸易的关系中引入“非歧视原则”和“适当性原则”。所谓非歧视性原则就是限制任意武断的歧视而阻碍贸易自由。所谓适当性原则，就是指根据共同体条约第36条的规定实施贸易限制措施必须是贴切的，即所采取的措施与追求的目标之间存在一定的关系，以及为取得目标所采取的措施限制性越低越好。根据解释，适当性原则应包括两方面的含义，一是根据共同体条约第36条采取的措施必须与所追求的目标有因果关系；二是这些措施必须是对获得该目标的最少贸易限制。其次，欧盟通过双轨渠道来协调环境贸易问题，一方面通过政治途径来协调环境与贸易的关系。部长理事会提出的六个环境行动方案为欧盟协调环境贸易问题提供了基本的政治框架，为此，欧盟成员国和政府首脑理事会在历次会议上都强调环境政策是经济、工业、农业和社会政策的重要组成部分。如1985年的布鲁塞尔会议上，欧洲理事会就将环境政策定为经济、工业、农业和社会政策的重要组成部分，并将1987年定为“欧洲环境年”。1990年的都柏林会议上，欧洲理事会通过了“环境紧迫性”宣言，并指出单一市场竞争导致了巨大的发展压力，共同体必须做出更大的努力来保证这个增长是可持续的，给环境带来的影响是合理的；另一方面则是通过法律途径来协调环境贸易问题，为此，欧共体根据单一欧洲法令的第100条及欧盟条约的第130条的规定，通过了一系列的环境指令来协调环境与贸易的关系。经过二十多年的努力，共同体已经形成了一个由条约规定和理事会、委员会通过的指令组成的完备的法律框架，这些法律涉及范围广，既包括有关专门的环境污染问题的立法，也包括对环境执法、环境影响评价、环境信息、经济刺激手段的应用、贸易、竞争、法律责任等方面的法律规则。最后，为实现建立共同市场而又不损害环境的目标，欧盟积极协调产品的环境标准来保证产品的自由流动。在不同的协调战略中，欧盟更依赖于统一标准。在单一欧洲法令前，共同体的目的是将协调的水平限制在保证产品自由流动最基本的要求上。在1986年后，为便于成员国采取更严格的标准，法令简化了程序，要求委员会在有关环保标准上采取较高的保护水平，并授权成员国在某些情况下如对环保是必需的，可采取比共同体的协调标准更严格的国家标准。在有关PPMs标准上，共同体逐步采取了最低的标准制度。这种制度认识到标准的差异是合法的，考虑到成员国条件的不同是可以存在的。最低标准降低了成员国污染控制成本上差异，缩小了低标准区域的生产者的环境成本上的优势，降低了向低者看齐的风险。该制度在维持竞争的公平条件的同时，并未阻碍成员国采取更严格的国家标准。

欧盟真正在自由贸易协定中引入环境条款的法律授权是来自《欧盟条约》（EU Treaty，2012）。该条约明确将可持续发展作为指导欧盟内部和外部行动的首要原则。另外，《欧盟条约》第 11 条明确指出环境保护要求必须被综合进欧盟政策和活动的概念或实施中，特别是关于促进可持续发展。该条在 2006 年修订的《欧盟可持续发展战略》中被进一步详细说明，包括积极促进全球可持续发展，确保欧盟内外政策与全球可持续发展目标及国际承诺一致，作为实现“欧盟应该与其贸易伙伴一起改善环境和社会标准并充分利用贸易或合作协定潜力在区域或双边水平上”行动之一。《欧盟—韩国自由贸易协定》是 2006 年修订的《欧盟可持续发展战略》的第一个实践，同样的方法也适用到了接下来其他谈判中。

### 3.2.3 加拿大

到 2013 年底，加拿大已经实施了 10 个自由贸易协定，分别包括《加拿大—巴拿马自由贸易协定》（2013 年 4 月 1 日）、《加拿大—约旦自由贸易协定》（2012 年 10 月 1 日）、《加拿大—哥伦比亚自由贸易协定》（2011 年 8 月 15 日）、《加拿大—秘鲁自由贸易协定》（2009 年 8 月 1 日）、《加拿大—欧洲自由贸易协会协定》（2009 年 7 月 1 日）、《加拿大—哥斯达黎加自由贸易协定》（2002 年 11 月 1 日）、《加拿大—智利自由贸易协定》（1997 年 7 月 5 日）、《加拿大—以色列自由贸易协定》（1997 年 1 月 1 日）、《北美自由贸易区协定》（1994 年 1 月 1 日）、《加拿大—美国自由贸易协定》（1989 年 1 月 1 日）。正在谈判或未向 WTO 通报的包括加拿大与多米尼加、新加坡、乌克兰、韩国、欧盟等自由贸易协定。

在贸易协定和政策中，加拿大的重要政策目标之一就是确保贸易和环境保护相互支持和促进。为此，加拿大外交、贸易和发展部（DFATD）与加拿大环境部寻求将环境考虑和义务合并到自由贸易协定中。在已实施的自由贸易协定中，除了早期和美国、墨西哥签署的《北美自由贸易区协定》，2009 年与秘鲁开始实施的自由贸易协定之后都包含了单独的环境章节，名称为“环境”。而且框架和内容都非常类似，只有很少量的几个字的差别，主要内容包括：申明（Affirmations）、环境协定（Agreement on Environment）、该自由贸易协定和环境协定的关系（Relationship between this agreement and the agreement on the environment）。环境协定是主体部分，主要包括：为了当前及后代的福利，在各自领土内保护和改善环境；为鼓励贸易或投资承诺不减损国内环境法律；保护和可持续利用生物多样性以及保护传统知识；发展和执行环境法律；环境事务的透明和公众参与；对共同关注的环境问题进行合作六个部分。只是，《加拿大—哥伦比亚自由贸易协定》中增加了第1702条“非减损”原则。

和美国等自由贸易协定中的环境章节不同，加拿大的环境章节不算太长，包括的内容也不太多，不包含争端解决机制等条款。

除了在自由贸易协定主体文本中加入环境单独章节，加拿大非常注重对自由贸易协定的环境评价。加拿大2001年制定了《贸易谈判环境评价框架》，所有自由贸易协定的谈判都要遵从此框架进行环境评价。对每一个自由贸易协定的环境评价都要遵从三个阶段：初始、草案和最终评估阶段。在环境评价整个过程中，非常注重公众和利益相关者的咨询和参与。

加拿大是较早重视环境与可持续发展的国家。1971年，加拿大成立环境部负责环境政策方案的协调，以及保护并提高自然环境与可再生能源。总体上，加拿大外交、贸易和发展部负责牵头加拿大自由贸易协定的相关工作，环境部参与双边和地区贸易投资协定的谈判，以保证经济增长和环境保护的相互支持，在贸易投资自由化的同时保持高水平的环境保护。环境部也参与在多边场合，例如世界贸易组织、经济合作组织与环境相关的相关事务。目前，加拿大在与智利、哥伦比亚、哥斯达黎加、苏丹、秘鲁、巴拿马和北美自由贸易协定中纳入了环境内容。在北美自由贸易协定下设立了环境合作委员会，秘书处设在加拿大魁北克省蒙特利尔。

### 3.2.4 韩国

到2013年底，韩国已经实施了9个自由贸易协定，分别是：《韩国—东盟自由贸易协定》（2010年1月1日）、《韩国—欧洲自由贸易联盟（EFTA）自由贸易协定》（2006年9月1日）、《韩国—欧盟自由贸易协定》（2011年7月1日）、《韩国—智利自由贸易协定》（2004年4月1日）、《韩国—印度自由贸易协定》（2010年1月1日）、《韩国—新加坡自由贸易协定》（2006年3月2日）、《韩国—土耳其自由贸易协定》（2013年5月1日）、《韩国—美国自由贸易协定》（2012年5月15日）、《韩国—秘鲁自由贸易协定》（2011年8月1日）。韩国还有正在谈判或尚未生效的包括韩国—澳大利亚、韩国—加拿大、韩国—海合会、韩国—印度尼西亚、韩国—新西兰、韩国—越南、中国—韩国自由贸易协定、中国—日本—韩国自由贸易协定、RCEP等自由贸易协定。此外，韩国还在进行一些自由贸易协定的磋商和联合研究等，例如韩国—以色列自由贸易协定、韩国—蒙古自由贸易协定等。

韩国已实施的自由贸易协定总数量不算多，但是近年来韩国积极实施自由贸易战略，正在同许多国家或经济体开展自由贸易协定谈判，而且韩国已经和美国、欧盟等签署了高标准、涵盖面广的自由贸易协定。特别是与美国和欧盟签署的自由贸易协定都包括较高标准和水平的环境条款或环境章节。自从与美国和欧盟谈判并签署自由贸易协定后，韩国坚持在自由贸易协定中包括环境条款或环境章节，而且极力推动，例如在《韩国—秘鲁自由贸易协定》和《中国—韩国自由贸易协定》中。韩国已生效自由贸易协定中环境条款情况见表 3-4。

**表 3-4 韩国已生效的自由贸易协定中的环境条款**

| 协定名称 | 签署时间 | 生效时间 | 有无环境协议 | 有无环境章节 | 有无环境条款 | 具体环境条款 |
| --- | --- | --- | --- | --- | --- | --- |
| 韩国—智利 | 2003.2.1 | 2004.4.1 | × | × | √ | 序言<br>认识到协议应着眼于提高人民生活水平，创造新的工作机会和以符合环保和节约的方式促进可持续发展。<br>第八章 卫生与动植物检疫措施<br>条款 8.2 一般条款<br>……<br>2.协定方应当通过……以增强动物和植物健康以及粮食安全。……<br>条款 8.3 协定方权利<br>协定方根据 SPS 协定可以：<br>a. 为保护人类和动植物生命或健康，在领土内以与本章相一致的方式采取、保持或实施卫生或动植物检验检疫措施……<br>第十章 投资<br>条款 10.18 环境措施<br>放松国内环保措施以鼓励投资是不恰当的。双方应进行磋商，来避免类似措施或鼓励 |
| 韩国—新加坡 | 2005.8.4 | 2006.3.2 | × | × | √ | 第十八章 合作<br>合作领域包括“环境技术”<br>条款 18.9 环境<br>希望促进各方相关组织和企业在压缩天然气技术和环保应用领域更紧密的合作，双方已签订谅解备忘录，以促进这种合作 |
| 韩国—欧洲自由贸易联盟（EFTA） | 2005.12.15 | 2006.9.1 | × | × | √ | 序言<br>认识到贸易自由化应该允许按照可持续发展目标对世界资源最佳利用，寻求保护和维护环境 |

| 协定名称 | 签署时间 | 生效时间 | 有无环境协议 | 有无环境章节 | 有无环境条款 | 具体环境条款 |
|---|---|---|---|---|---|---|
| 韩国—东盟 | 2006.8.24（货物）<br>2008.11.21（服务） | 2010.1.1（货物）<br>2009.5.1（服务） | × | × | √ | 条款3.1 合作的范围和执行<br>合作项目涵盖“环境产业”<br>条款11 环境产业<br>1. 各方认识到经济发展、社会进步和环境保护是可持续发展的关键支柱，应寻求在各自政府、企业、团体和研究机构中推动更紧密合作的方式。<br>2. 各方在双方同意的基础上采取以下环境合作活动：<br>（1）环境技术和政策合作，如压缩天然气的技术和政策；<br>（2）在企业能力建设和环保企业信息和经验交流方面的合作；<br>（3）在与环境相关的人力资源交流和教育方面的合作；<br>（4）其他双方达成共识的环境合作形式 |
| 韩国—美国 | 2007.6.30 | 2012.3.15 | √ | √ | √ | 序言<br>希望加强劳工和环境法律和政策的制定和实施，促进工人的基本权利和可持续发展，并以符合环保和节约的方式实施本协议。<br>第八章 卫生及动植物检验检疫措施<br>目标<br>本章的目标是在协定方领土方位内保护人类、动植物生命和健康……<br>第十一章 投资<br>条款11.10 投资与环境<br>……<br>第十七章 政府采购<br>条款17.7 技术规格<br>为了更加确定，一方，包括采购实体，可以……准备、采取或实施技术规格：<br>（a） 为了提升保护自然资源或保护环境；或……<br>第二十二章 环境<br>韩美环境合作协议 |
| 韩国—印度 | 2009.8.7 | 2010.1.1 | × | × | √ | 序言<br>认识到贸易自由化应该允许按照可持续发展目标对世界资源最佳利用，寻求保护和维护环境 |

| 协定名称 | 签署时间 | 生效时间 | 有无环境协议 | 有无环境章节 | 有无环境条款 | 具体环境条款 |
|---|---|---|---|---|---|---|
| 韩国—欧盟（EU） | 2010.10.6 | 2011.7.1 | × | √ | √ | 序言<br>重申对可持续发展的承诺，以及国际贸易在经济、社会和环境方面对可持续发展的贡献（REAFFIRMING their commitment to sustainable development and convinced of the contribution of international trade to sustainable development in its economic, social and environmental dimensions），包括经济发展，减少贫困，充分就业，体面工作以及环境和自然资源的保护和维护。<br>希望加强劳工和环境的法律和政策的制定和实施，促进工人基本权利和可持续发展，并与这些目标相一致的方式实施本协议。<br>第一章 目标和一般定义<br>促进外国直接投资，在环境和劳工法律应用和执行过程中不降低环境、劳工或职业健康和安全标准。<br>第四章 贸易的技术壁垒<br>条款 4.4 技术规制<br>1、……双方同意：<br>……<br>(g) 在技术法规发布和生效之间留出充足的时间，除非出现紧急的安全、健康和环境保护问题或……<br>……<br>第五章 卫生与动植物检验检疫措施<br>条款 5.1 目标<br>1、本章目的在于减少 sps 措施对于贸易负面影响的同时保护人类、动植物生命和健康……<br>第十三章 贸易和可持续发展（见附件一） |
| 韩国—秘鲁 | 2011.3.21 | 2011.8.1 | × | √ | √ | 序言<br>实施与本协议相一致的方式保护和维护环境，保护基本人权和基本权利，促进可持续发展。<br>条款 9.9 健康、安全和环境措施<br>各方认识到放松国内环境措施来鼓励投资是不恰当的。<br>第十九章 环境（见附件三） |
| 韩国—土耳其 | 2013.4.30 | 2013.5.1 | × | √ | √ | 不能找到其文本内容 |

资料来源：作者根据 WTO 网站信息整理。

从内容和水平上看，美国和欧盟签署的自由贸易协定中的环境内容涵盖面广，包括多边环境协定；“环境措施”和“环境标准”；环境合作领域的环境技术、生态标志互认等；国内环境法律法规执行和完善；对贸易的可持续发展评价；机构设置的规定，包括专门委员会、联络点和咨询小组；争端解决机制，包括磋商和专家小组解决机制；公众参与和信息公开；信息交流和能力建设；其他，涉及生物多样性、气候变化和劳工等领域的规定等。约束性也比较强，涉及争端解决机制等司法内容。

### 3.2.5 新西兰

新西兰已经实施的自由贸易协定有 8 个，分别是《新西兰—澳大利亚自由贸易协定》（1983 年 1 月 1 日货物贸易协定实施，1989 年 1 月 1 日服务贸易协定实施）、《新西兰—澳大利亚—东盟自由贸易协定》（2010 年 1 月 1 日）、《新西兰—中国自由贸易协定》（2008 年 10 月 1 日）、《新西兰—中国香港自由贸易协定》（2011 年 1 月 1 日）、《新西兰—中国台北自由贸易协定》（2013 年 12 月 1 日）、《新西兰—马来西亚自由贸易协定》（2010 年 8 月 1 日）、《新西兰—新加坡自由贸易协定》（2001 年 1 月 1 日）、《新西兰—泰国自由贸易协定》（2005 年 7 月 1 日）。正在进行谈判的自由贸易协定有新西兰—海合会、新西兰—韩国、新西兰—印度等，新西兰也是正在进行的跨太平洋伙伴关系协议的发起国。除了与紧邻澳大利亚签署的自由贸易协定较早外，新西兰签署的其他自由贸易协定都是在 2000 年后进行的，而且贸易伙伴都是亚洲地区的。

新西兰政府认为应达成一个包含与贸易相关的广泛议题的高质量、综合性的协定，因此，明确指出在包括机制和法律事务章节之外，还应包含货物贸易、服务贸易、投资、知识产权、合作、贸易与劳工、贸易与环境等问题。为此，新西兰政府于 2001 年制定《将环境问题融入自由贸易协定的框架》，这一指南为谈判人员提供指导，主要包括环境与贸易政策、贸易与环境关系、环境与贸易政策原则三个方面。一是关于环境与贸易政策。指出新西兰是一个贸易国家，同时追求贸易与环境的和谐发展，以实现可持续发展的目标。在国际层面，主要包括气候变化、臭氧层消耗、渔业配额、生物多样性保护等国际行动。二是关于贸易与环境关系。指出贸易与环境关系既复杂又重要，认为贸易自由化可能引起环境和资源问题。贸易对于环境的影响在于自由化和环境政策如何设计和执行，保持高水平的环境保护与经济繁荣而言是同等重要的。三是关于环境与贸易政策原则。如加强环境和贸易协定机制的相关合作，适时通过贸易措施强化环境目标，建立可持续的国际贸易体制等。

在与中国进行自由贸易协定谈判时，新西兰就极力将环境纳入到自由贸易协定中。核心观点包括：新西兰非常看重保护和改善环境并将其放到非常重要的地位；他们期望不仅在新西兰国内要保护好环境，而且期望其政府将可持续发展的挑战放到全球层面，包括气候变化、生物多样性、臭氧层等，这就要求国际行动；同时，新西兰也是世界贸易组织成员，是贸易国家，寻求世界平等、繁荣和和平；政府的目标是协调贸易和环境的目标，努力实现可持续发展；贸易与环境政策的关系是复杂和重要的，贸易对环境的影响基于贸易如何自由化以及环境政策如何被制定和实施；在自由贸易协定文本中加入环境条款是新西兰对可持续发展承诺的重要部分，也是贸易伙伴国国际合作的平台。

**专栏 3-1 新西兰环境与贸易政策原则**

新西兰在多边贸易和环境论坛以及双边谈判中，遵循下列原则：

- 政府承诺确保其可持续发展目标反映到所有国际谈判中；
- 政府将较大程度促进多边环境和贸易协定的一致以及机构间合作；
- 政府承诺提供自由和基于规则的贸易环境。在所有谈判的贸易和经济协定中确保政府制定环境规章的能力，以使环境不会被破坏；
- 有时需要通过贸易措施强化和促进国际环境目标，新西兰将继续推动 WTO 保护环境；
- 新西兰想要可持续的国际贸易体系使所有国家或经济体参与到全球经济中，为此：
  - 寻求关注环境目标的标准；
  - 尊重其他国家决定其国内规章的权利；
  - 努力消除出口补贴及其他鼓励增加生产的支付行为；
  - 反对将环境标准用于经济保护主义的形式；
  - 反对在产品中使用歧视性措施。

《新西兰—中国台北自由贸易协定》是唯一包含单独环境章节的协定，题目为“贸易与环境”，共包括 7 个条款。主要内容涉及：目标、关键承诺、环境产品和服务、自由性市场机制、合作、机制安排、咨询等。但主体文本中的争端解决机制并不适用于环境。

在新西兰，外交贸易部牵头负责贸易投资协定的谈判，同时协调国内相关政府机构，包括经济发展部、农林部、财政部、海关、劳工部、环境部、文化和遗产部等。这些政府官员在每轮谈判中定期见面。新西兰环境部是新西兰自由贸易协定中环境内容和执行自由贸易协定环境合作协议的牵头实施部门，与泰国、中国、马来西亚、中国香港、菲律宾以及智利、新加坡和文莱（该 3 国与新西兰签署了一个跨太平洋战略经济伙伴关系，亦是 TPP 的前身）等有 6 个环境协定或相关安排。主要内容包括：保证环境法律和规章的实施；确保环境法律、规章和政策等与国际环境义务一致；不会从其环境法律或规章中削弱或减损贸易或投资优势；不会将环境法律、规章、政策和实践用于贸易保护的目的；提高公众意识等。环境部工作重点包括协调国际贸易和环境关系，主要角色是支持环境条款的谈判，进一步扩大环境产品和服务的开放。另外，根据 1991 年《资源管理法》（*the Resource Management Act*），新西兰专门设立环境法院（the Environment Court），作为环境问题处理机制一体化的核心载体。

### 3.2.6 日本

截至 2014 年 3 月，日本已签订的自由贸易协定有 13 个。但是日本很少将其贸易协定命名为自由贸易协定，主要签署经济伙伴协定（Economic Partnership Agreement）。分别是：日本—新加坡（2002 年 11 月 30 日）、日本—墨西哥（2005 年 4 月 1 日）、日本—马来西亚（2006 年 7 月 13 日）、日本—智利（2007 年 9 月 3 日）、日本—泰国（2007 年 11 月 1 日）、日本—印度尼西亚（2008 年 7 月 1 日）、日本—文莱（2008 年 7 月 31 日）、日本—东盟（2008 年 12 月 11 日）、日本—菲律宾（2008 年 12 月 11 日）、日本—瑞士（2009 年 9 月 1 日）、日本—越南（2009 年 10 月 1 日）、日本—印度（2011 年 8 月 1 日）、日本—秘鲁（2012 年 3 月 1 日）。此外还同蒙古、韩国、澳大利亚等国开展了有关自由贸易协定的双边谈判、跨太平洋伙伴关系协定的谈判以及与土耳其的联合调研，可以说日本正处在自由贸易协定的快速发展时期。

然而迄今为止，日本签署的自由贸易协定中还没有单独的环境章节或与环境问题有关的附属协议，与环境问题有关的条款也十分少见，相关内容仅包含在序言或其他条款中。例如《日本—智利战略经济伙伴协定》、《日本—文莱经济伙伴协定》等；一般例外条款，例如《日本—泰国经济伙伴协定》第 68 条、《日本—菲律宾经济伙伴协定》等；环境措施，例如《日本—智利战略经济伙伴协定》第 87 条、《日本—文莱经济伙伴协定》第 71 条等；基本原则，例如《日本—印度尼西亚经济伙伴协定》第 134 条、《日本—菲律宾经济伙伴协定》第 144 条等；合作条款，例如《日本—泰国经济伙伴协定》、《日本—文莱经济伙伴协定》等；环境方面，例如《日本—印度尼西亚经济伙伴协定》第 102 条。日本已生效自由贸易协定中环境条款情况见表 3-5。

**表 3-5 日本已生效的自由贸易协定中的环境条款**

| 协定名称 | 生效期 | 环境条款 | | | |
|---|---|---|---|---|---|
| | | 序言 | 附属协议 | 章节 | 个别条款 |
| 日本—新加坡 | 2002.11.30 | × | × | × | ·豁免权（相互认可） |
| 日本—墨西哥 | 2005.4.1 | × | × | × | ·投资<br>·投资争议解决<br>·环境合作<br>·公共意见程序 |

| 协定名称 | 生效期 | 环境条款 | | | |
|---|---|---|---|---|---|
| | | 序言 | 附属协议 | 章节 | 个别条款 |
| 日本—马来西亚 | 2006.7.13 | × | × | × | ·投资<br>·环境合作 |
| 日本—智利 | 2007.9.3 | ○ | ×<br>联合声明 | × | ·投资<br>·投资争议解决 |
| 日本—泰国 | 2007.11.1 | × | × | × | ·豁免权（相互认可）<br>·投资<br>·环境合作 |
| 日本—印度尼西亚 | 2008.7.1 | × | × | × | ·投资<br>·能源与矿物资源（环境视角）<br>·环境合作 |
| 日本—文莱 | 2008.7.31 | ○ | × | × | ·投资<br>·能源<br>·环境合作 |
| 日本—东盟 | 2008.12.11 | × | × | × | ·豁免权（标准）<br>·环境合作 |
| 日本—菲律宾 | 2008.12.11 | × | × | × | ·环境标准一致化<br>·豁免权（相互认可）<br>·投资<br>·环境合作 |
| 日本—瑞士 | 2009.9.1 | ○ | × | × | ·环境产品<br>·投资<br>·专利 |
| 日本—越南 | 2009.10.1 | × | × | × | ·豁免权（标准）<br>·环境合作 |
| 日本—印度 | 2011.8.1 | ○ | × | × | ·保护级别<br>·环境法执行<br>·国家间关系<br>·投资<br>·环境合作 |
| 日本—秘鲁 | 2012.3.1 | ○ | ×<br>联合声明 | × | ·一般豁免权<br>·通告（技术管理条例）<br>·政府采购<br>·环境合作 |

资料来源：Akiko YANAI，Environmental provisions in Japanese regional trade agreements with developing countries，IDE DISCUSSION PAPER，No.467，2014

日本关于贸易促进协定中环境条款的特征是注重环境合作，日本绝大多数的贸易促进协定中都包括了环境合作条款。在贸易协定中更强调环境保护和可持续发展的重要性，指出不能为了发展贸易而牺牲环境。2011 年《日本—印度贸易协定》的“总则”中有“环境保护”条款，此为日本首次在区域贸易协定中加入此类条款，环境问题开始被视为重要合作领域。2012 年正式实施的日本—秘鲁贸易协定朝着实质性环境条款迈出了重要步伐，包括了具体详细的环境合作在两个联合声明中，一个是贸易与环境；另一个是生物多样性及遗传资源和传统知识的获取，并确认了此领域内的国际公约的重要性。环境问题得到了前所未有的重视。此外，还有涉及标准、技术管理、合格评定等内容的章节中可能包含对采取适当措施保护环境的要求。如《日本—东南亚经济伙伴关系协定》。

另外，日本环境省根据 1995 年全球环境问题专家组建议发布了一个“关于环境与贸易政策协调的总体性政策声明”，该声明指出日本需要对亚太地区的环境保护做出积极贡献，同时避免经济合作和发展投资对环境的不利影响，与其他国家的环境合作被认为是实现这些目标的重要方式。

尽管如此，日本已经正式加入《跨太平洋战略经济伙伴关系》谈判，而单独环境章节是包括在其中的。因此，日本未来可能在环境章节上会有更多关注。日本研究机构也提出应重视对贸易协定开展环境影响评价。

### 3.2.7 印度

印度已经和不丹、阿富汗、智利、尼泊尔、东盟、马来西亚、日本、新加坡、斯里兰卡、韩国等签署了自由贸易协定。从数量上看，印度签署的自由贸易协定不算少，但是与发展中国家签署的多，而且多数只签署了货物协定，不包括服务及规则等。关于环境条款，要么完全没有涉及环境条款，要么只是在与智利、马来西亚、韩国签署的自由贸易协定中稍微涉及，环境条款内容仅仅限于序言、例外和合作条款。

但是，印度非常重视环境与贸易问题，有专门机构设置。印度环境与林业部设置了专门的贸易与环境处，是其部的 35 个处之一，其主要职能是为贸易协定中贸易与环境领域谈判准备过程提供技术支持；对其他部委提出的贸易相关事务，例如区域/双边/多边贸易协定，形成环境与林业部立场；对接和处理商务部和产业部的相关文件；实施所有正在进行的贸易与环境项目；承担出口促进的相关任务。2012—2013 年，该处为《印度—南非贸易协定》、《印度—智利特惠贸易协定》、《印度—澳大利亚自由贸易协定》、《印度—新西兰自由贸易协定》、《印度—日本综合性经济伙伴协定》等谈判提供贸易与环境对案。此外，该处还负责双边投资协定及双边投资保护协定，包括一些诸如为满足印度环境要求的环境友好技术转让的问题。印度环境和林业部认为双边投资协定或双边投资保护协定需要鼓励环境友好技术转让；另外，在印度和美国双边投资促进和保护协定模式文本中，对保护人类、动植物生命或健康以及自然资源安全而言，各种环境措施是必要的。该处还负责其他事务，包括外国的贸易政策，双边发展与援助等。

## 3.3 推动或拒绝设置自由贸易协定环境条款的原因分析

在自由贸易协定谈判中，有的谈判方积极推动或主导设置环境条款，有的谈判方则拒绝设置，各有原因和理由。

### 3.3.1 推动设置自由贸易协定环境条款的原因分析

自由贸易协定中设置环境条款有各谈判方历史、法律、机构、制度、实证等方面的原因，从表面上看是法律依据、机构设置和职能安排等因素，本质原因是安抚公众和政治需要、国际竞争力、环境约束性等。

1）表面原因

在自由贸易协定中推动设置环境条款的表面原因包括法律依据或授权、机构设置和职能安排、环境影响评价等因素。

第一，美国、欧盟、新西兰等之所以积极推动将环境条款纳入自由贸易协定，是因为其有明确的议会授权或法案要求。考虑到贸易对环境的不利影响，民众以及非政府组织（NGO）强烈呼吁否决或抵制不进行任何环境考虑的自由贸易协定，这样，议会或法案要求贸易协定应该加强贸易伙伴国通过促进可持续发展来保护环境的能力。以美国为例，2002 年美国国会通过的《贸易促进授权法案》（*Trade Promotion Authority*，TPA）第 2102 段——贸易谈判目标中提出“……确保贸易与环境政策相互支持，寻求保护环境和国际合作的方法，优化使用世界资源……”，并在原则性谈判目标中设定了具体的环境目标。这成为美国日后在自由贸易协定谈判中设立环境章节的法理依据。因而，在 2004—2007 年间美国签署的美国—澳大利亚（2004）、美国—智利（2004）、美国—新加坡（2004）、CAFTA（2005）、美国—巴林（2006）、美国—摩洛哥（2006）以及美国—阿曼（2006）贸易协定中，环境章节正式成为自由贸易协定的一部分，得到了加强，规定了环境保护水平、增强环境法律、程序性安排、环境协商机制、公众参与以及环境合作等方面。在 2007 年授权到期后，美国将 2002 年《贸易促进授权法案》中设定的贸易谈判目标更新为 2007 年《两党贸易协定》（2007 *Bipartisan Trade Deal*）中所设立的贸易谈判目标，将环境章节所要实现的目标，和具体的实现过程做了更进一步增强。再以新西兰为例，新西兰的一个议会授权指令指出“政府要在所有国际谈判中将贸易和环境政策一体化考虑”，2001 年发布“环境标准和贸易协议一体化框架指南”，指出坚持贸易与环境政策一体化原则，将可持续发展包含到所有国际谈判中。欧盟是将环境与自由贸易协定内容纳入其可持续发展战略中。详见专栏 3-2 美国《两党贸易法案》中的环境条款和专栏 3-3 各国关于环境与自由贸易协定的授权。

**专栏 3-2 美国《两党贸易法案》中的环境条款**

- 政府和议会已就在自由贸易协定中纳入一个具体的多边环境协定名单达成一致。
- 该名单包括：《濒危野生动植物种国际贸易公约》(CITES)、《关于消耗臭氧层物质的蒙特利尔议定书》、《海洋污染公约》、《美洲热带金枪鱼公约》(IATTC)、《关于特别是作为水禽栖息地的国际重要湿地公约》、《国际捕鲸公约》(IWC)、《南极海洋生物资源养护公约》(CCAMLR)。
- 美国是以上所有协定的签署国。美国将承担这些多边环境协定的国际义务，也能承担由此影响的贸易和投资而导致的自由贸易协定争端解决。
- 同意将环境法实施的义务程度由“尽力（strive to）”，改为“应该（shall）”。对美国而言，这些义务对联邦政府是有限的，不应该影响这些法律的实施。
- 所有自由贸易协定的环境义务与协定中的商业条款同等对待，同样的贸易救济和贸易制裁等。原来的环境争端解决主要靠罚金，而非贸易制裁，这对环境法律的有效执行作用有限。

资料来源：美国贸易代表办公室（2007）。

**专栏 3-3 各国关于环境与自由贸易协定的授权**

美国——贸易法案中有关环境规定。在美国的贸易法案中，澄清了贸易谈判目标，在总体目标中提出，“确保贸易和环境政策相互支持，并且寻求保护环境和促进，最佳利用世界资源”和“在贸易协定中寻求一些条款确保缔约方在鼓励贸易时不削弱或减少保护国内环境和劳工法律”。贸易法案针对具体环境事务还设定了谈判目标：确保美国贸易伙伴有效执行其环境法律；通过促进可持续发展加强贸易伙伴保护环境的能力；为美国环境技术、产品和服务寻求市场准入；确保贸易伙伴的环境政策和实践不会对美国的出口造成歧视或不公平。甚至，在 1974 年的贸易法案下，美国议会建立了贸易和环境政策咨询委员会（TEPAC）私人部门咨询委员会系统，确保环境在贸易谈判中被充分考虑。

新西兰——一体化环境标准和贸易协定。新西兰议会授权指令指示政府将在所有国际贸易谈判中将贸易和环境政策整合。2001 年发布了《一体化环境标准和贸易协定框架》指导新西兰的贸易和环境谈判，为确保在所有国际谈判中将可持续发展因素充分考虑，同时还提供了重要的环境与贸易政策原则。这些原则包括：促进多边环境协定和贸易协定间的一致性，促进相关部门间的深度合作；保障政府制定保护新西兰环境不会降低标准等规章的能力；认识到提高国际环境目标有时需要通过贸易措施加强。该框架主要目标是协调新西兰在贸易和环境政策方面的目标，同时也认识到环境标准不应该被滥用作保护主义的理由。

| |
|---|
| 欧盟——将环境与自由贸易协定内容纳入其可持续发展战略中。欧盟 2001 年通过以及 2006 年修订的可持续发展战略包括了 7 个关键挑战，其中之一是积极促进世界范围内的可持续发展以确保欧盟的内外政策与全球可持续发展及国际承诺一致。为实现此目标，战略提出“欧盟及其成员国进一步努力通过将国际贸易和投资作为一个工具以实现真正的全球可持续发展。在这一点上，欧盟应该与其贸易伙伴一起改善环境和社会标准，并应该充分利用区域或双边贸易协定或合作协定潜力”。 |

资料来源：美国贸易代表办公室，新西兰，欧盟。

第二，各国非常重视环境与贸易机构设置，并赋予相关职能。根据美国宪法，第一章第八节赋予了美国国会管理对外商务权利，而第二章给予美国总统组织协定谈判的专有权。根据《贸易促进授权法案》，国会将贸易谈判授权给美国总统，并保留制定贸易谈判目标的权利。美国总统如果想让国会不修改协议内容而加以整体通过，就需要从国会获得被称为“快轨程序”的《贸易促进授权法案》。根据该法案国会只能通过或否决总统与其他国家或组织达成的贸易协议，但不能做任何修改，同时必须在 90 天内由参众两院进行表决。因此，为了将有关贸易谈判和贸易政策制定的工作更加专业化和便利化并缓冲总统和国会在贸易谈判和贸易政策制定方面的分歧，在国会授权下美国总统设立了美国贸易代表办公室来具体组织贸易协定的谈判。由此可见，美国贸易代表办公室在贸易谈判中起着核心的主导和推动作用。美国贸易代表办公室为了利用贸易谈判和协定追求和实现环境目标，专门成立了环境资源办公室。该办公室不仅关注美国签署的双边、多边贸易和投资协定中的环境议题，也关注国外影响美国贸易利益的环境措施，并在多边环境协定谈判中与美国贸易代表办公室一道反映美国的贸易利益。在自由贸易协定谈判中，该办公室负责自由贸易协定中环境章节谈判的同时还负责实施对自由贸易协定谈判中期以及最终环境影响的评价工作，因此该办公室对于美国自由贸易协定的谈判有着举足轻重的作用。在奥巴马政府更加重视通过双边及多边贸易协定解决环境问题的背景下，环境资源办公室对于 TPP 中环境章节的谈判将会有更大的影响力以及决定的权利，因此在 TPP 谈判中，环境资源办公室的强势将对 TPP 中环境章节产生重大的影响。另外，美国环保局将促进贸易与推动可持续发展、保护脆弱人群和参与全球外交作为其四大目标之一。在国际事务和部族办公室（OITA）内专设环境与贸易项目组，主要职能：一是制定和审议贸易协定中的环境条款；二是评估拟定自由贸易协定中的环境影响。除上述外，美国专门设置了贸易和环境政策咨询委员（TEPAC），其职责是为环保局和美国贸易代表办公室工作中涉及环境与贸易的问题提供政策建议。贸易和环境政策咨询委员包括非营利机构和私人部门或组织的代表。

第三，在自由贸易协定中设置环境章节也是环境影响评价的结果。在美国已经签订并实施的 14 个自由贸易协定中，已经有 11 个自由贸易协定在签署之前对其实施的环境影响开展过了中期/最终评价，占美国所有自由贸易协定的 78.6%。在评价中，一般都会涉及以下几个方面：执行概要、相关法律和政策框架、背景、自由贸易协定、公众意见及咨询委员会意见、由经济因素造成的对环境潜在影响、对管理制度造成的潜在影响、环境合作、评审范围确定以及 FTA 对经济造成的潜在影响等。通过各个方面的评价，对自由贸易协定的签订和实施可能产生的环境影响做一个系统的评估，有利于审视自由贸易协定的不利影响以及风险，对于自由贸易协定的实施有积极的指导作用。因此，该评估成为美国国会通过已签署自由贸易协定的必要条件，因而，美国政府在谈判时势必会加强协定中的环境内容，以便在对协定进行环境影响评价时，能产生更多的积极正面影响，才能通过国会的审核。

2）深层原因

以上分析是各国在自由贸易协定中推动环境章节设定的表面理由和依据，事实上，有其更深层次的原因：

第一，追求可持续发展和保护环境。这是最主要和根本的理由，也是能够被广泛接受的理由。贸易对环境的影响是不言而喻的，例如贸易可以增加经济效率、产出，进而促进增长，然而经济增长很可能带来对不可再生资源更多的消耗以及对环境更大的破坏，如空气污染、水质下降等。这样，在自由贸易协定中加入环境内容是为了实现可持续发展以及保护环境的目的。

第二，安抚国内民众和政治需要。为此，美国民众以及 NGO 强烈呼吁否决或抵制不进行任何环境考虑的贸易协定，为使国会顺利签署自由贸易协定，美国必须设置相应的环境章节，以避免贸易对环境的不利影响。

第三，担心薄弱的环保措施可能导致不公平的竞争优势，刺激经济和扩大出口的需要。美国、欧盟等国在自由贸易协定中力推环境产品和服务的贸易自由化，其核心目的就是扩大环境产品和服务出口。环境产品和服务是全球未来新的经济增长点及竞争力反映，发达国家在环境产品和服务方面具有绝对优势。根据相关数据，2010 年美国环保产业产值占全球环保产业产值的 40%，是最大的环境产品和服务贸易顺差国，2009 年环保产业出口额达 405 亿美元，占全球环保产业贸易额的 31%。在自由贸易协定中设立环境章节，推动环境产品和服务贸易自由化无疑会对美国的环保产业、经济发展和就业起到积极作用。

第四，利用贸易相关的制裁等措施推动国际环境保护进程。国际环境保护合作虽然有全球环境公约，其中也包含了履约机制，但是这些履约机制缺乏约束性和强制性。由于贸易协定有争端解决等约束性条款，因此在环境章节中包含全球环境公约的内容，进一步强调并借助司法途径和力量履行全球环境公约中的义务会使环境保护目标更有效。

第五，改善环境合作。可以推动环境合作协定，例如，签署附属协定等，加强多边环境合作中的对话。贸易协定中强调环境合作有各种目的，可以强调共同的环境问题，例如邻国分享自然资源。在发展中国家和发达国家签署的自由贸易协定中的环境合作主要目标是能力建设，包括较好理解贸易和环境的关系等。

### 3.3.2 拒绝设置自由贸易协定环境条款的原因分析

尽管有此种种趋势，但是并非在贸易协定中包括环境考虑已经变成了一个一般性趋势或是想当然的事。相反，这些需要基于以下条件：谈判人员的意识和可接受的程度；谈判的内容，有的对于环境产品和服务贸易自由化可能比较容易接受，但是对于环境标准一致化等就比较难以接受；谈判对象，对于环境标准比自己低的发展中国家可能容易接受，对于环境标准比自己高的则较难接受；双边的较易接受，多边则困难些。一些谈判方拒绝在自由贸易协定中设置环境条款，理由如下：

第一，一些国家担心考虑环境条款会增加额外的实质性的投入及努力。例如，建立监管环境承诺实施的机构的基金，加强环境执行有效性的人力和金融资源的投入，对于官员的培训等。为此，在发达国家和发展中国家谈判的自由贸易协定中，发展中国家强烈要求提供金融援助和能力建设项目。

第二，一些国家没有将在贸易协定中引入环境作为优先领域，但这并非意味着环境保护及国际环境合作不是政治优先领域，只不过他们认为在贸易协定中考虑环境问题并不一定是最佳场所。例如，在澳大利亚，尽管可持续发展和环境保护是优先领域，而且澳大利亚也在其《生态可持续发展战略》（NSESD）中提出“寻求高水平的贸易和环境政策一体化”。但其认为贸易谈判和环境保护应该分别考虑。

第三，许多国家不反对将环境条款放入到贸易协定中，但是认为环境是迅速达成贸易协定的障碍。他们认为“现在达成贸易协定，环境随后再进行考虑”。例如日本已经对未来一段时间签署自由贸易协定制定了雄心勃勃的计划，但如果没有强烈的政府授权，其在环境议题谈判中将不会太积极。

第四，对于许多国家而言，在贸易协定中开展环境条款的谈判首先需要处理的问题是内部问题，例如没有清晰的定位和目标、缺乏强烈的动机、能力不足、贸易与环境部门间协调不够通畅等。具体而言，对于较大的经济体或贸易大国而言，在贸易协定中增加环境条款的愿望更强烈，其他则不够积极。对于很多国家来说，贸易协定谈判以贸易官员为主，贸易官员通常缺乏环境知识，而环境官员又缺乏贸易知识，因此对于这一新的领域，他们把握不准，也不愿为此“冒险”。对于许多国家而言，贸易官员和环境官员坐在同一谈判桌上可能是首次。

第五，还有一个主要困难是国内环境立法和实施体系还很不完善。例如，墨西哥在卷入《北美自由贸易协定》谈判时仍然在进行其内部的环境立法。

第六，以上问题单独或同时存在就使得这些国家很难作出实质性环境承诺。

第七，空间距离也是一个因素，如果两个国家相邻和面对共同的环境问题，或有共同环境条件，就会有共同意愿处理相关问题。反之亦然。

第八，惧怕强烈的执行机制成为新的出口贸易壁垒。

尽管有如此多的困难，事实上是越来越多的贸易协定开始接受并包括了环境条款，主要原因是为了获得更多的贸易机会。例如，美国要求在贸易协定中包括详细的环境章节，那些希望和美国签署自由贸易协定的国家为了获得美国的贸易机会就必须接受这些条件和要求，除此之外别无选择。

# 4 自由贸易协定环境条款的主要内容分析

由于自由贸易协定各缔约方的情况和意愿不同，导致自由贸易协定的目的、性质和范围等都各有差异，其环境条款的内容和范围也随之不同。但是，总体来看，自由贸易协定中环境条款的内容经历了由无到有，由短到长，由简单到复杂，由分散于其他各章节到专门章节的过程。自由贸易协定涵盖的主要环境条款及其所处位置也有很多相似之处。

## 4.1 自由贸易协定涵盖的主要环境内容分析

### 4.1.1 自由贸易协定主体文本所包括的环境条款

最初自由贸易协定中环境条款一般是在序言中原则性描述以及在例外条款中将环境列为例外，后来逐渐在投资章节、卫生与植物卫生措施、技术性贸易壁垒、技术合作中有所涉及，现在已经发展到与服务、投资等并列的独立章节。自由贸易协定中环境条款的内容几乎涵盖了与贸易相关的所有政策与措施，除了对环境保护水平、贸易与环境公约关系、争端解决机制、公众参与、机构及制度安排等方面做出规定外，还涵盖了渔业补贴、生物多样性以及环境产品与服务等多个方面。自由贸易协定文本中环境条款主要存在于以下章节或条款中：

①例外条款：绝大多数自由贸易协定在例外条款中涉及环境。在所统计的生效自由贸易协定中，约 60%的一般例外条款中提到了环境例外。具体内容一般引用 1947 年生效的《关税与贸易总协定》第 20 条（b）款“为保护人类、动物或植物的生命或健康所必需的措施”作为一般例外条款。

②序言中有关环境或可持续发展的原则性表述：自由贸易协定特别是后来签署的自由贸易协定在序言中大都涉及环境或可持续发展的内容，被广泛认可。在所统计的生效自由贸易协定中，约 42%的序言中提到了环境或可持续发展，不论是发达国家间签署的自由贸易协定，还是发达国家与发展中国家间签署的自由贸易协定，或者发展中国家间签署的自由贸易协定都强调保护环境或可持续发展的重要意义，将保护环境或可持续发展作为基本原则。主要内容是引用《马拉喀什建立世界贸易组织协定》中对“可持续发

展”的表述或《里约宣言》和《21 世纪议程》中对“可持续发展三大支柱”的表述，强调贸易要以不能破坏可持续发展为原则，或者贸易协定的实施要与可持续发展及环境保护一致。但各自由贸易协定的具体语言或表述方式略有不同。例如：《美国—摩洛哥自由贸易协定》序言中提出“要求加强劳动和环境法律及政策的实施，促进可持续发展，该协定实施必须以与环境保护一致的方式”，《澳大利亚—智利自由贸易协定》序言中提出“该协定实施要以与可持续发展和环境保护相一致的方式”。《智利—巴拿马自由贸易协定》序言中提出“该协定实施要以与环境保护相一致的方式；促进经济发展与环境保护和可持续发展相一致的方式”。

③投资章节中有关环境措施的条款：在所统计的生效自由贸易协定中，约 20%的投资条款中提到了环境与投资关系，仅次于一般例外条款和序言。例如在《美国—哥伦比亚自由贸易协定》中第 10.11 条款为“投资与环境”，指出“任何行动都不能解释为阻止一缔约方采取、维护或执行任何措施，除非考虑了合适措施确保投资活动不与环境相冲突”。《日本—印度尼西亚经济合作协定》中提出“缔约方认识到通过放松环境措施鼓励投资是不合适的，为此，缔约方不应把降低或者放弃环境措施当作对获得投资建设者的鼓励”。

④卫生与植物卫生措施（Sanitary and Phytosanitary Measures，SPS）：在该章一般提及“该章节的目的是保护人类、动植物生命与健康”。大约 26%的自由贸易协定包含了类似条款，例如《美国—秘鲁自由贸易协定》第 6 章、《美国—韩国自由贸易协定》第 8 章、《美国—巴拿马贸易促进协定》第 6 章、《美国—阿曼自由贸易协定》第 6 章、《美国—哥伦比亚贸易促进协定》第 6 章、《巴基斯坦—马来西亚最紧密经济伙伴协定》第 6 章、《秘鲁—新加坡自由贸易协定》第 6 章等。

⑤技术性贸易壁垒：一般指出该章的目的之一是“促进规章的合作以防范健康、安全和环境风险”。有 22 个自由贸易协定包含了类似条款，例如《中国—新西兰自由贸易协定》第 90 款、第 96 款，《秘鲁—新加坡自由贸易协定》第 7 章等。

⑥技术合作：在合作章节将可持续发展、环境合作或环境技术合作作为内容之一。例如，《日本—文莱经济合作协定》第 102 条中将环境作为一个合作领域，《中国—新西兰自由贸易协定》第 17 章提出“双方通过劳工和环境合作协定备忘录促进在劳工和环境事务上的沟通和合作”。

⑦政府采购：协定方可以为了保护人类、动植物生命和健康或保护环境，在政府采购环节采取或实施一些措施或特定技术。例如《美国—智利自由贸易协定》的政府采购条款中的第 9.16 例外条款、《加拿大—秘鲁自由贸易协定》第 14 章政府采购条款。

⑧服务贸易中环境服务部门的市场准入：服务部门减让表中按服务贸易的境外消费、跨境交付、商业存在、自然人移动四种提供模式和环境服务次分类填写市场准入和国民待遇要求。根据联合国《中央产品总分类》（临时版），环境服务按照环境要素可分为 7 大类，

具体包括：污水处理服务（CPC 9401）、垃圾处置服务（CPC 9402）、废气清理服务（CPC 9404）、噪声消除服务（CPC 9405）、自然和风景保护服务（CPC 9406）、其他环境保护服务（CPC 9409）和卫生服务（CPC 9403）。环境服务作为 12 个服务部门之一[①]，进行市场准入谈判。

⑨单独环境章节：截至 2014 年 6 月，有 30 个自由贸易协定中单独设立了环境章节。尽管所统计的独立环境章节在所有自由贸易协定中所占比例不高，但是确实是最核心的内容，包括具体或实质性义务内容的环境条款，是自由贸易协定未来重要的发展趋势，也是本书研究的重点，后面将对独立环境章节的内容做详细分析，这里暂不赘述。

⑩争端解决机制：早先的自由贸易协定中单独的争端解决机制都将环境法执行排除在外，或者限制其使用范围。但是近年来的自由贸易协定中不再将其排除在外，而且在单独环境章节中设有，在争端解决机制章节特别强调争端解决适用于环境条款以及环境法律的执行等，强调了所执行环境义务的约束性。美国所签署的自由贸易协定大多涉及环境争端解决机制。

⑪贸易处罚中的相关环境条款，如《建立欧洲自由贸易联盟公约》免责条款部分指出，“相关规定和执行不能违背法律、法规对于公共政策、公共安全、公共健康和环境的规定”；保障措施部分指出，“如果出现了严重的经济、社会或环境问题，成员国可以按照条款 41 规定单方面采取适当措施”。

除此之外，其他如目标、机构安排、运输、能源、贸易便利化、能源、部门政策、劳工、旅游、农业、补贴、林业、渔业等章节或条款中也对环境或可持续发展有所涉及。

### 4.1.2 独立环境章节或附属环境合作协定中的环境内容

独立的环境章节或附属环境合作协定是自由贸易协定环境条款最重要和最突出的形式。

一般情况下，自由贸易协定中环境章节的内容和形式没有统一的格式，分析美国、欧盟、韩国等签署的包含环境章节的自由贸易协定，在环境章节下包括的主要要素如下：

①定义及范围（Definition and Scope）；

②申明环境保护水平（Level of Protection），申明不会因为鼓励贸易而降低各自本国环境保护水平；

③环境法律、法规以及措施等的有效实施（Effective Enforcement of Environmental

---

① 环境服务及环境服务贸易活动虽然很早就存在，但作为一个服务部门在相关贸易中被正式提及最早出现于 1991 年关贸总协定（GATT）服务部门分类名录（MTN.GNG/W/120）文件中。《服务贸易总协定》将服务贸易分为通讯服务，建筑服务，分售服务，教育服务，环境服务，金融服务，健康及社会服务，旅游及相关服务，文化、娱乐及体育服务，交通运输服务，其他服务 12 个部门。

Laws，Regulations and Measures），为确保各国有效实施环境保护，应承诺不会因为贸易而贬损各自国内的环境法律、法规、措施等；

④机构及制度安排（Institutional Arrangement），涉及专门委员会、联络点和咨询小组的设立以及工作安排，以确保环境章节的有效实施；

⑤程序性安排（Procedural Arrangement），对于与环境相关的诉讼程序进行相关安排；

⑥透明度（Transparency），列出确保公众参与和评论环境法律、措施及政策制定的机制，公开透明的程序等；

⑦环境合作（Bilateral Cooperation），环境合作可能包括环境信息交流、环境技术合作等；

⑧争端解决机制（Dispute Settlement），包括磋商和/或专家小组解决机制；

⑨多边环境协定（Multilateral Environmental Agreement），对多边环境协定承诺和多边合作框架的表述，认识到多边环境协定在保护环境方面发挥重要作用，各方将促进他们同为缔约方的环境公约的执行。重申多边环境协定的相关承诺。

⑩环境影响评价（Environmental Impact Review），对自由贸易协定环境影响进行定期或不定期评价的规定；

⑪资金机制（Financial Arrangement），对资金来源和财务安排的规定。

除了在环境章节中涵盖传统环保领域的内容外，也可能涵盖非法伐木、渔业补贴、生物多样性、气候变化以及环境产品与服务等多方面的内容。

表 4-1　自由贸易协定环境章节涉及的环境内容

| 序号 | 协定名称 | 生效时间 | 环境章节 | | | | | | | | | | |
|---|---|---|---|---|---|---|---|---|---|---|---|---|---|
| | | | 定义及范围 | 保护水平 | 环境法律、法规以及措施等的有效实施 | 机构及制度安排 | 程序性（诉讼）安排 | 透明度 | 环境合作 | 资金机制 | 争端解决机制 | 多边环境协定 | 环境评价 |
| 1 | EFTA—黑山 | 2012.09.01 | ✓ | ✓ | ✓ | | | | | | ✓ | ✓ | |
| 2 | EFTA—中国香港 | 2012.10.01 | ✓ | ✓ | ✓ | | | | | | ✓ | ✓ | |
| 3 | 韩国—秘鲁 | 2011.08.01 | ✓ | ✓ | ✓ | ✓ | | | ✓ | | ✓ | ✓ | ✓ |
| 4 | 韩国—土耳其 | 2013.03.01 | ✓ | ✓ | ✓ | ✓ | | ✓ | ✓ | | ✓ | ✓ | ✓ |
| 5 | 加拿大—巴拿马 | 2013.04.01 | | | ✓ | | | ✓ | ✓ | | ✓ | ✓ | |
| 6 | 加拿大—哥伦比亚 | 2011.08.15 | | | ✓ | | | ✓ | ✓ | | ✓ | ✓ | |
| 7 | 加拿大—秘鲁 | 2009.08.01 | | | ✓ | | | ✓ | ✓ | | ✓ | ✓ | |
| 8 | 加拿大—约旦 | 2012.10.01 | | | ✓ | | | ✓ | | | | ✓ | |
| 9 | 美国—阿曼 | 2009.01.01 | ✓ | ✓ | ✓ | ✓ | ✓ | | ✓ | | ✓ | ✓ | |
| 10 | 美国—澳大利亚 | 2005.01.01 | ✓ | ✓ | ✓ | ✓ | ✓ | | ✓ | | ✓ | ✓ | ✓ |

| 序号 | 协定名称 | 生效时间 | 环境章节 | | | | | | | | | | |
|---|---|---|---|---|---|---|---|---|---|---|---|---|---|
| | | | 定义及范围 | 保护水平 | 环境法律、法规以及措施等的有效实施 | 机构及制度安排 | 程序性（诉讼）安排 | 透明度 | 环境合作 | 资金机制 | 争端解决机制 | 多边环境协定 | 环境评价 |
| 11 | 美国—巴林 | 2006.08.01 | ✓ | ✓ | ✓ | ✓ | ✓ | | ✓ | | ✓ | ✓ | ✓ |
| 12 | 美国—巴拿马 | 2012.10.31 | ✓ | ✓ | ✓ | ✓ | ✓ | | ✓ | | ✓ | ✓ | |
| 13 | 美国—哥伦比亚 | 2012.03.15 | ✓ | ✓ | ✓ | ✓ | ✓ | | ✓ | | ✓ | ✓ | ✓ |
| 14 | 美国—韩国 | 2012.03.15 | ✓ | ✓ | ✓ | ✓ | ✓ | | ✓ | | ✓ | ✓ | ✓ |
| 15 | 美国—秘鲁 | 2009.02.01 | ✓ | ✓ | ✓ | ✓ | ✓ | | ✓ | | ✓ | ✓ | ✓ |
| 16 | 美国—摩洛哥 | 2006.01.01 | ✓ | ✓ | ✓ | | ✓ | | ✓ | | ✓ | ✓ | ✓ |
| 17 | 美国—新加坡 | 2004.01.01 | ✓ | ✓ | ✓ | ✓ | ✓ | | ✓ | | ✓ | ✓ | ✓ |
| 18 | 美国—约旦 | 2001.12.17 | ✓ | ✓ | ✓ | | | | | | ✓ | | |
| 19 | 美国—智利 | 2004.01.01 | ✓ | ✓ | ✓ | ✓ | ✓ | | ✓ | ✓ | ✓ | ✓ | ✓ |
| 20 | 美国—中美洲—多米尼加 | 2006.03.01 | ✓ | ✓ | ✓ | ✓ | ✓ | | ✓ | | ✓ | ✓ | |
| 21 | 尼加拉瓜—中国台北 | 2008.01.01 | ✓ | ✓ | ✓ | ✓ | ✓ | | ✓ | | ✓ | ✓ | ✓ |
| 22 | 欧盟—巴布亚新几内亚—斐济 | 2009.12.20 | ✓ | | ✓ | ✓ | | | | | ✓ | | |
| 23 | 欧盟—哥伦比亚和秘鲁 | 2013.03.01 | ✓ | ✓ | ✓ | ✓ | | ✓ | ✓ | | ✓ | ✓ | ✓ |
| 24 | 欧盟—格鲁吉亚 | 2014.09.01 | ✓ | ✓ | | | | | ✓ | | | ✓ | ✓ |
| 25 | 欧盟—韩国 | 2011.07.01 | ✓ | ✓ | ✓ | ✓ | | ✓ | ✓ | | ✓ | ✓ | ✓ |
| 26 | 欧盟—加勒比共同体 | 2008.11.01 | ✓ | | | | | | ✓ | ✓ | | | |
| 27 | 欧盟—喀麦隆 | 2009.10.01 | ✓ | | | | | | ✓ | | | | |
| 28 | 新西兰—中国台北 | 2013.12.01 | | ✓ | ✓ | ✓ | | ✓ | ✓ | | ✓ | | ✓ |
| 29 | 中国—瑞士 | 2014.07.01 | | ✓ | | | | | | ✓ | | ✓ | |
| 30 | 中国香港—智利 | 2014.10.09 | ✓ | ✓ | ✓ | ✓ | | | ✓ | ✓ | ✓ | ✓ | |
| 合计 | | | 24 | 23 | 26 | 18 | 12 | 8 | 24 | 4 | 25 | 25 | 15 |

资料来源：作者根据 WTO 网站信息整理。

## 4.2 自由贸易协定环境章节内容案例分析

自由贸易协定环境章节或附属协定中《北美自由贸易协定》附属协定《北美环境合作协定》是最早出现的，《美国—韩国自由贸易协定》环境章节标准较高，《欧盟—新加坡自由贸易协定》可持续发展章节是可持续发展章节的代表，为此，本节以此三个为例做详细分析。

### 4.2.1 《北美自由贸易协定》的附属协定《北美环境合作协定》

《北美自由贸易协定》是世界上第一个发展中国家与发达国家之间签署的、并在贸易协定中引入附属环境协定来协调与贸易有关的环境问题的自由贸易协定。无论是在贸易协定环境有关条款的拟定、环境机构的设置等方面，还是条约生效后的贯彻实施方面，《北美自由贸易协定》和《北美环境合作协议》都成为国际社会解决贸易与环境冲突极为有益的参考模式。

《北美自由贸易协定》与环境有关的内容主要包括在序言和五个章节（第 1，7，9，11，21 章）中，涉及以下几个方面：

①经济增长和环境保护双重目标。《北美自由贸易协定》序言提出，协议的经济增长目标将通过“与环境保护协调的方式”实现。另外，序言中还将“促进可持续发展”和“加强环境法律法规的制定和执法”列入《北美自由贸易协定》的目标。这些内容使《北美自由贸易协定》成为第一个在多边贸易协定中将环境保护纳入各国发展经济时所应承担国际义务的国际贸易协定。

②多边环境协定和《北美自由贸易协定》的关系。在《北美自由贸易协定》第 104 条中规定，如果出现《北美自由贸易协定》与现有的多边环境协定中与贸易有关的条款相冲突，多边环境协定优先。但“如果存在更加有效的措施能够降低《北美自由贸易协定》与国际环境协定之间的冲突，各缔约国应采取最小冲突的方式”。这里的多边环境协议包括：三个成员国都加入并已生效的多边环境协议；美、加、墨之间的区域性协议；缔约三方同意包括在内的其他多边协议。第 104 条的规定在一定程度上解决了《北美自由贸易协定》与多边环境协议的法律冲突，确保了《北美自由贸易协定》不会对各国根据多边环境协议采取的措施带来负面影响，也不影响其承担多边环境协议中的义务。

③与环境相关的标准和措施。第 7B 章的卫生和植物检疫措施允许签约国比其他的国际团体采取或者使用更严格的 SPS 措施。尽管如此，非常严格的 SPS 标准并不会自动成为贸易壁垒。为了避免滥用，第 7B 章要求 SPS 措施（a）不能无端歧视，如对商品；（b）应当建立在科学原则上；（c）如果没有科学的存在依据，应当废除或者放弃使用；（d）应建立在风险评估的基础上，与情形适应；（e）只能为了实现保护的期望水平的必要程度而使用；（f）不能表现为不诚实的变相的贸易限制。第 9 章讨论了贸易的技术性壁垒和相关的标准性措施。它允许各国选择“认为合适的保护水平”，并采取认为必要的措施，以实现环境保护的期望水平，前提是这些措施是非歧视性的，并且没有为贸易创造不必要的障碍。

④环境保护与投资。改善投资环境（特别是在墨西哥）是《北美自由贸易协定》的一个重要目标。《北美自由贸易协定》第 11 章为投资提供了可预见性的框架，对加拿大，

墨西哥和美国的投资者和投资提供保护，以确保投资者和投资在《北美自由贸易协定》地区享有公平、透明、非歧视待遇。第11章还提供了解决投资者和政府之间争端的框架。《北美自由贸易协定》国家的公司或个人在另外一个《北美自由贸易协定》国家投资时，如果认为该东道主国家违反了《北美自由贸易协定》第11章规定的投资者应享有的权利，可以对东道主国家的政府提起诉讼。另外，为了消除环保主义者对墨西哥吸引到投资后更加成为“污染天堂”的顾虑，第11章专门包含了一条关于环保措施的条款。《北美自由贸易协定》的1114条规定，“各缔约方认识到，通过放松国内健康、安全或环境措施以鼓励投资是不合适的”，并且“本章中任何规定，不得解释为妨碍一缔约方采取、维持或实施在其他方面与本章一致的其认为适当的任何措施，以保证其境内投资活动关注环境”。

⑤争端解决机制。当一个成员对别国依照第104条（环境协定）、第7章第2段（卫生及检疫措施）、第9章（与标准相关的措施）为保护环境而采取的措施有意见时，该成员方可依据《北美自由贸易协定》第2005条规定，既可选择《北美自由贸易协定》争端解决程序，也可选择WTO争端解决程序来解决，这取决于申诉方的意愿。在争端解决程序中，WTO争端解决程序与《北美自由贸易协定》的争端解决程序的区别主要是在举证责任上，WTO程序要求受控方提供证据，而《北美自由贸易协定》则要求申诉方承担举证责任。

《北美环境合作协议》包括了一系列目标和具体义务。第一部分提出了总目标，包括保护和改善环境，促进可持续发展，强化国际法规的遵循和实施。第二部分规定了缔约国应该定期发布环境状况报告，开发环境应急预案，促进环保教育，开展环保技术和科学研究，评估环境影响，利用经济性的措施为环保服务，和“确保法律和法规保障高水平的环境保护”。第三部分提出成立北美环境合作委员会（CEC），负责实施《北美环境合作协议》的目标。CEC致力于提高环境保护水平，提高公众的环保意识，为三国的贸易代表提供建议，保证环境法规的执行及执行过程中的透明度。其主要权限包括：接受来自非政府组织及个人就CEC目标方面的询问与建议；根据《北美环境合作协议》第1114款提供咨询帮助；通过种种途径致力于预防和解决与环境有关的贸易纠纷，包括避免纠纷的发生，向《北美环境合作协议》自由贸易委员会提出避免争端的建议，选出专家向自由贸易委员会、工作小组及其他《北美环境合作协议》机构提供信息或技术咨询；考察《北美环境合作协议》对环境的影响；协助自由贸易委员会处理与环境相关的事务。CEC包括部长理事会、秘书处、联合咨询委员会（JPAC）三个部门。除此以外，还包括三国各自建立的国家咨询委员会和政府咨询委员会，各种特别委员会和工作小组。第四部分号召在《北美环境合作协议》解释和使用上的合作。第五部分是有关争端的解决。如果“持续性地未能有效实施”环境法律，缔约方可以申请仲裁小组。请求本身并不产生仲裁，需要理事会的三分之二的赞成票才能组成仲裁小组。仲裁小组可以要求实施行动计划来弥补在环境法上的不作为。依据《北美环境合作协议》的规定，《北美环境合作协议》争端解决的主要手段是合作，制裁是最后使用的手段，因此《北美环境合作协议》争端解决机制有一系列的步骤可商讨解决途径，很难走到制裁的阶段。此外，北美环境合作还有其经济后盾。1996 年三国创立了北美环境合作基金（NAFEC），为公众在环境问题上的调查研究提供专项资助，任何公民可因环境保护原因提出申请并获得资助和奖励，是落实公民环境参与权得以实施的经费保障。

综上分析，《北美环境合作协议》协调贸易与环境问题的模式是在较完善的主导机构体系——环境合作委员会的主导下，以明确的争端解决机制为保障，协调环境与贸易问题，并高度尊重成员国主权，对环境合作进行计划指导，注重广泛的宣传和公众参与，重点加强发展中国家环境保护水平的提升，达到促进贸易自由和有效环境保护的双重目标。

### 4.2.2 《美国—韩国自由贸易协定》环境章节

到目前为止，《美国—韩国自由贸易协定》中的环境章节被认为是国际上具有典型代表意义和较高水平的环境章节之一。

《美国—韩国自由贸易协定》中的环境章节共包括序言和 11 个条款，序言中提到可持续发展；条款 1、3 涉及保护水平、环境法律的适用和执行；条款 2、10 和附件 20-A 涉及多边环境协定、与多边环境协定的关系以及双方参与的多边环境协定列表；条款 4 和 9 涉及诉讼、环境磋商和专家组程序；条款 5 和 6 涉及机制和机构安排；条款 7 涉及公众参与；条款 8 是环境合作。《美国—韩国自由贸易协定》环境章节的具体内容如下。

①关于可持续发展。列举了环境对于可持续发展的重要意义。

②关于环保水平、环境法的适用和执行、环境法定义。双方采用列举式对环境法涵盖的内容作出规定，具体包括：污染防治和控制、危废控制和野生动植物保护三大类。同时将法律、法规和相关措施限定在中央政府层面。条款确定双方有权建立各自的环保水平，但是鼓励较高水平的环境保护。通过鼓励贸易和投资来减弱或降低法律中规定的环境保护水平是不恰当的。

③关于多边环境协定，与多边环境协定的关系以及附件中双方参与的多边环境协定列表。规定双方需认识到多边环境协定的重要作用以及履行多边环境协定下的义务，双方应就共同关注的环境问题进行协商。同时，双方列举了七项共同为成员的多边环境协定，但是不仅限于列举的七项。

④关于诉讼，磋商和专家组程序。双方确保各自在其法律框架下司法、准司法或行政诉讼可以对违反环境法律的行为提供制裁或补救措施。一方可以要求与另一方联络点就本章事宜通过书面请求进行磋商。委员会应该努力快速解决相关问题，例如，适当时与政府

或专家进行磋商，或利用相关程序，如斡旋或调解等程序。环境章节适用于争端解决程序，前提是已经过前期磋商。

⑤关于环境绩效机制。鼓励相关促进机制和激励机制，包括公司、地方团体、非政府组织、政府组织和科研机构。

⑥关于机构安排。双方建立环境事务委员会，委员会由包括环境官员在内的政府高级官员组成，委员会定期召开会议，并推动公众对其工作的参与。

⑦关于公众参与。除为公众参与提供便利外，双方同意建立一个国家咨询委员会，将环境领域的专家或组织纳入征求意见的范围。环境信息公开和公众参与是韩美环境章节执行中的重点内容。特别是如何保障公众参与渠道和确保信息公开等方面，韩美都在后续的实施过程中通过相关政策、规定加以明确。

⑧关于环境合作。双方在双边、地区和多边加强环境事务的合作，并根据环境合作协定开展相关的环境合作。各方适当时应该与另一方的公众就评估贸易协定和政策的环境影响（积极和消极）的有关经验进行共享。环境影响评价并非强制性要求。韩美双方规定在适当时与另一方的公众就评估贸易协定和政策的环境影响（积极和消极）的有关经验进行共享。

**专栏 4-1 《美国—韩国自由贸易协定》环境章节**

**第 22 章 环境**

**序言**

希望加强劳工和环境法律和政策的制定和实施，促进工人的基本权利和可持续发展，并以符合环保和节约的方式实施本协议。

**条款 20.1：保护水平**

认识到各方有权建立自己的环保水平和自身环境发展的重点，并采取或修改相应的环保法律和政策，各方应努力确保这些法律和政策规定，鼓励较高水平的环境保护，并应努力继续改善其各自的环保水平，包括通过环境法律和政策等。

**条款 20.2：环境协定**

各方应采取、维护和执行法律、法规及其他措施，以履行附件 20-A“多边环境协定”下的义务。

**条款 20.3：环境法律的适用和执行**

1. (a) 协定生效后，一方应该有效地执行其环保法律，或履行协议规定义务的法律、法规和其他措施，通过持续或反复出现的行动或不采取行动，以影响各方之间的贸易或投资。

(b) (i) 各方认识到每一方都有检控酌情的权利，并根据环境法律的优先等级就环境执法资源的分配作出决定。相应地，各方了解对于环境法律执行和履行协定中义务的所有法律法规及其他措施，一方应遵循 (a) 段中采取行动或不采取行动，以便灵活、合理进行资源分配，行使自由裁量权。

(ii) 各方认识到适用协定的重要性。相应地，履行协定中义务的法律法规和其他措施相关的行动或不行动应该根据条款 (i) 来决定资源分配是否合理真实。

2. 各方认识到，通过鼓励贸易和投资来减弱或降低法律中规定的环境保护水平是不恰当的。相应地，一方不能免除或贬损相关法律，削弱或减少影响各方贸易和投资的环境保护。

3. 第 2 段在一方放弃或减损本国环境法中的条款时不适用，放弃或减损与协定中各方的义务不一致。

4. 值得明确的是，本章中的任何内容不得授权一方的政府在另一方的领土进行环境执法活动。

**条款 20.4：诉讼**

1. 各方应确保相关个人可以请求一方的权威机构调查涉嫌违反环境法律的行为，并应该按照法律适当考虑相关请求。

2. 各方应确保在其法律框架下司法、准司法或行政诉讼可以对违反环境法律的行为提供制裁或补救措施。

3. 各方应根据与人类健康或环境相关的法律，给个人提供对违反环保法律的行为制裁或补救的有效途径。

4. 各方应对违反环境法的行为提供适当和有限的制裁或补救措施：

(a) 必要时考虑违规行为的性质和严重程度，可能造成的经济损失，违法者的经济情况和其他相关因素等；

(b) 可能包括行政、民事和刑事制裁和补救措施，例如合规协议、处罚、罚款、监禁、禁令、关闭生产设施，并要求采取补救措施或支付包括治理污染费用的环境损害成本。

**条款 20.5：加强环境绩效的机制**

1. 各方认识到灵活、自愿和激励机制可以为实现和保持高层次的环保水平做出贡献，补充条款 20.4 中的程序。为与法律保持一致，各方应在适当时鼓励类似机制的发展和利用，包括：

(a) 促进自愿环保活动的机制，例如：

(i) 包括公司、地方团体、非政府组织、政府组织和科研机构在内的伙伴关系；

(ii) 关于环境业绩的自愿指南；

(iii) 自愿交流信息和相关机构的人员交流，公众参与环境保护的手段，自愿的环境审计和报告，以及更有效的方式来使用资源，减少对环境的影响。

(b) 激励机制，包括以市场为导向的激励机制，来促进环境和自然资源的保护。

2．各方应遵循法律，适当、灵活地鼓励：

(a) 在衡量环境业绩中维持、发展和提高环境业绩目标和标准；

(b)“灵活”指实现这些目标，达到相关标准，包括通过第一段中所提及的机制。

**条款 20.6：机构安排**

1．各方应建立环境事务委员会。委员会由双方各自适当的高级官员组成，包括环境官员。

2．委员会应在协定生效后一年内以及必要时召开会议监督本章的执行。除非另一方持有异议，每次委员会会议应包括一次与公众的对话会，讨论与本章执行有关的事宜，包括条款 20.7.3 中通过国家咨询委员会提交的意见。委员会在公众对话会期间应向公众提供一份书面的讨论记录。

3．委员会应推动公众对其工作的参与，包括在制定委员会会议议程中听取公众的建议，并就关心的环境问题与公众进行对话。

4．委员会应寻求适当的机会让公众参与环境合作活动的开展和实施，包括通过双方成立的环保合作机制。

5．除非另有决定，委员会的正式决议应向社会公开。

**条款 20.7：公众参与机会**

1．各方应通过确保公众获取关于环境法律、环境法律执行和遵守程序等信息，推动公众对环境法律的意识，包括感兴趣的个人可以要求各方当局调查违反环境法律的行为。

2．认识到公众参与机会能够促进最佳实践的分享和发展公众感兴趣议题的创新方式，各方应该：

(a) 在执行本章中，就个人寻求信息或观点交流提供方便；

(b) 给关注相关环境条款执行的个人提供书面提交的证明，各方应根据各自国内的程序，就个人反映的问题在一定时限内开展调查。

3．各方应建立一个新的或利用现有的国家咨询委员会，包括各方具有相关经验的个人，可以包括具有公司或环境事务经验的个人，就本章实施的有关事宜征求相关人士的意见。每次会议召开时，理事会应该考虑国家咨询委员会就本章执行中的有关事宜提出的意见。

4．各方认识到公众参与在执行本章中的重要性，有效执行此条款可以帮助各方执行本章中的其他条款。相应地，委员会将会审查此条款的执行，自协定生效一年后 180 天内，在其中一方要求时准备和提交书面报告给联合委员会。委员会每次向联合委员会提交报告都应该向公众公开。

**条款 20.8：环境合作**

1．各方认识到加强环境保护能力和与促进贸易和投资关系有关的可持续发展的重要性。

2．各方承诺扩大在双边、地区和多边环境事务中的合作关系，认识到合作将会帮助缔约方实现共同的环境目标，包括环境保护、实践和技术的发展和改善。

3．各方承诺根据美韩环境国内合作协定（ECA）开展环境合作活动，包括与执行本章内容相关的活动。根据环境合作协定开展的活动，将在此框架内由执行机构进行合作和审查。各方也意识到在其他场合开展环境合作活动的重要性。

4．各方应该考虑公众根据本章和环境合作协定开展环境合作活动的评论和建议。

5．各方适当时应该与另一方的公众就评估贸易协定和政策的环境影响（积极和消极）的有关经验进行共享。

**条款 20.9：环境磋商和专家组程序**

1．一方可以要求与另一方联络点就本章事宜通过书面请求进行磋商。书面请求应该包括具体和充分的信息，确保另一方接收到相关磋商请求。除非各方同意，磋商应该在一方向另一方联络点递送请求后尽快开始。

2．各方应该努力寻求在事务决策中达到双方的共赢，也可在适当时寻求个人或团体的建议或帮助。如果在条款 20.2 下产生任何问题，涉及与本协定中一方的义务时，各方应通过达成共识的磋商或其他程序进行解决，除非相关程序有所延误。

3．如果通过磋商未能有效解决问题，其中一方可以要求委员会召开会议通过书面协议转给另一方的联络点，参见第一段。委员会应该努力快速解决相关问题，例如，适当时与政府或专家进行磋商，或利用相关程序，如斡旋或调解等程序。

4．如果根据第 1 款 60 天内双方未能解决这一问题，起诉方可以根据条款 22.7 提出磋商请求或条款 22.8 寻求在联合委员会内解决。

5．本协议项下根据本章所产生的问题，根据第 1 段至第 3 段一方如果没有首先寻求解决这一问题，任何一方不得诉诸争端解决。

**条款 20.10：与多边环境协定的关系**

1．各方认识到某些多边环境协定在国际和国内的环境保护中发挥着重要作用。各方进一步认识到本章和环境合作协定可以帮助实现协定的目标。相应地，各方应该寻求加强在共同参与的多边环境协定和贸易协定的相互支持。

2．为此，各方适当时应就共同关注的环境问题进行协商。

3．为防止各方在本协定和相关涵盖协定中义务的不一致，各方应寻求义务的平衡，但这并不阻碍一方采取特别的措施来实现协定中的义务，这些措施的首要目的并不是要在贸易领域强加限制。

**条款 20.11：定义**

为本章之目的：

环境法指一方任何以环境保护为首要目的的法律法规或规定（statute，regulation or provision），或者通过以下方式防止对人类、动物或植物生命或健康造成威胁，包括：

(a) 预防、削减或控制污染物或环境污染物的排放、释放；

(b) 对环境危险或有毒化学物质、材料和废物的控制，以及与之相关信息的传播；

(c) 野生动植物的保护，包括濒危物种、栖息地，特别是自然保护区。

在一方行使主权或管辖权的地区，但不包括直接关系工人安全或健康的任何法律法规或规定；

法律、法规和其他协定中涵盖其他措施指一方中央政府层面的法律、法规或其他措施；法律法规（statute or regulation）指：

(a) 对于韩国，国民议会通过的法律，或由中央政府执行的法律法规；

(b) 对于美国，国会法律或中央政府执行的法律法规。

**附件 20-A 涵盖的协定**

1. 为本章之目的，"涵盖的协定[①]"包括以下各方都是成员的多边环境协定：

(a)《濒危野生动植物种国际贸易公约》，华盛顿，1973.3.3 修订；

(b)《关于消耗臭氧层的物质的蒙特利尔协议》，1987.9.16 调整和修订；

(c)《国际防止船舶污染公约》，伦敦，1978.2.17 修订以及 1978 议定书；

(d)《关于特别是作为水禽栖息地的国际重要湿地公约》，拉萨姆，1971.2.2 修订；

(e)《南极海洋生物资源养护公约》，堪培拉，1980.5.20；

(f)《国际捕鲸管理公约》，华盛顿，1946.12.2；

(g)《建立美洲热带金枪鱼委员会公约》，华盛顿，1949.5.31。

2. 各方同意书面修改第 1 段中的清单，包括任何其他多边环境协定。

### 4.2.3 《欧盟—新加坡自由贸易协定》环境章节

《欧盟—新加坡自由贸易协定》第 13 章题目为"贸易和可持续发展"，包含了环境部分，但环境不是该章的全部，其他还包含劳工内容部分。这也是欧盟所签署的自由贸易协定的特点。

《欧盟—新加坡自由贸易协定》贸易和可持续发展章节包括导言、贸易和可持续发展——劳工部分、贸易和可持续发展——环境部分、一般条款四个部分，共 17 个条款。这些条款中，除了单独劳工部分的 3 个条款外，其余都与环境直接相关。导言 2 个条款中包括目标和可持续发展的意义，保护水平等；贸易和可持续发展——环境部分包括 5 个条款，分别是多边环境协定、木制品和鱼产品贸易、环境合作等；一般条款共 7 条，包括推动可持续发展的贸易和投资、维持保护水平、透明度、可持续发展影响评估、机构建立和监督机制、政府磋商、专家小组等内容。可以看出：《欧盟—新加坡自由贸易协定》环境条款内容丰

① 韩美自由贸易协定中涵盖的七项多边环境协定，中国也是缔约方。

富，既涉及传统的多边环境协定、环境法律政策、环境保护水平、环境合作等内容，也包括透明度、可持续影响评估、执行机构、争端解决机制专家组等约束性条款等内容。涉及范围既包括传统环境内容，也包括木材、渔业等大的环境范畴。欧盟—新加坡自由贸易协定特点如下：

一是，强调环境合作。第 13.10 条强调与贸易相关的环境政策合作的重要意义，列出了 11 项合作条款内容，包括可持续影响评价、多边贸易协定中的环境合作、与贸易相关的环境协定执行、信息交流、环境标准、气候变化、可持续森林、环境产品和服务、海洋生物等。

二是，强调可持续影响评估。第 13.14 条可持续发展影响评估，提出各方负责审查、评价和评估协定对可持续发展的影响；另外，强调双方就方法和指标进行交流。

三是，争端解决机制强调专家小组，强调委员会有 12 位组成的专家小组，专家小组包括第三方专家。包括了专家小组职责范围、工作完成时限等内容。

**专栏 4-2 《欧盟—新加坡自由贸易协定》环境章节**

**第 13 章 贸易和可持续发展**

A 部分 导言

**条款 13.1 内容和目标**

1. 缔约双方回顾了 1992 年环境与发展 21 世纪议程、1996 年 WTO 新加坡部长宣言序言部分、2002 年约翰内斯堡可持续发展实施计划。考虑到这些文件，双方重申发展和推动国际贸易的承诺，以及双边的贸易和经济关系以此方式为可持续发展做出贡献。

2. 双方认识到经济发展、社会发展和环境保护是可持续发展中相互依存、相辅相成的组成部分。在贸易相关的社会和环境问题上开展合作是实现贸易和可持续发展的重要途径。

3. 双方认识到通过降低或减少国内劳工和环境法律中的保护水平来鼓励贸易和投资是不恰当的。同时，双方强调环保和劳工标准不得用于贸易保护主义之目的。

4. 双方认识到在第 1、2 段中促进可持续发展的方式来强调贸易关系和合作是双方的目标。根据一方的特殊情况，统一双方的劳工和环境标准并非是其意图。

**条款 13.2 调整的权利和保护水平**

1. 双方认识到各方与国际认可的标准或协定相一致的原则，建立各自环境保护和劳工保护水平，以及根据相关法律和政策采纳或调整的权利。参见条款 13.3 和 13.6。

2. 双方应继续完善这些法律和政策，应努力提供和鼓励高水平的环境保护和劳工保护。

B 部分 贸易和可持续发展——劳工部分（略）

C 部分 贸易和可持续发展——环境部分

**条款 13.6 多边环境标准和协定**

双方认识到国际环境治理和协定作为国际社会对全球性或区域性环境问题的回应的价值，双方强调有必要在贸易和环境政策、规则和措施方面相互支持。在这一背景下，双方应在适当时就共同关心的与贸易有关的环境议题谈判进行磋商和合作。

双方应在各自领土范围内，有效执行各自的法律、法规、其他措施和实践，以及他们作为成员方的多边环境协定。

双方重申其承诺，以达到《联合国气候变化框架公约》（UNFCCC）及《京都议定书》的最终目标。承诺在框架公约下按照达成的共识，一起合作加强多边以规则为导向的机制，以及支持建立后 2020 时代国际气候变化协定的努力。

本协定中内容不能阻止一方采纳或保持作为缔约方执行多边环境协定的措施，只要这些措施不会在缔约方之间构成仲裁或不公平歧视，或对贸易造成隐形限制。

**条款 13.7 木制品贸易（略）**

**条款 13.8 鱼产品贸易（略）**

**条款 13.9 科学信息**

各方应在制定和执行可能影响贸易或投资的环境保护措施时，应考虑科学证据和相关现有的国际标准、指南或建议，或预防原则（Precautionary Principle，也译为“预警原则”）。

**条款 13.10 贸易与可持续发展下的环境合作**

各方认识到在贸易相关的环境政策共同工作的重要性，为实现本协定之目的。各方可在以下领域发起共赢的合作活动，但不仅限于以下领域：

a）就本协定在可持续发展的环境方面的积极和消极影响交换意见，以及加强、防止或减轻这些影响的方式，一方或双方可考虑开展可持续影响评价（Sustainability Impact Assessments）；

b）在国际场合强调贸易和可持续发展下的环境合作，包括特别是在 WTO、联合国环境规划署（UNEP）和多边环境协定中；

c）推动与贸易相关的多边环境协定修订和有效执行方面的合作；

d）信息交流和公私认证、标志方案合作，包括环境标志，绿色公共采购；

e）就环境法规、规范和标准的贸易影响交换意见；

f）目前和将来国际气候变化机制贸易相关的合作，包括强调贸易对气候的反效应的方式，以及推动低碳技术和能效的途径；

g）多边环境协定中与贸易相关方面的合作，包括海关合作；

h）可持续森林管理，以鼓励可持续木材产品认证的有效措施；

i）多边环境协定和国际贸易规则的关系方面交换意见；

j）就环境产品和服务自由化交换意见；

k）就海洋生物资源保护和管理交换意见。

**D 部分 一般条款**

**条款 13.11 推动可持续发展的贸易和投资**

双方应努力推动和促进对环境产品和服务的贸易和外国直接投资，包括强调非关税壁垒。双方也应努力推动有助于自愿或私人可持续发展计划的货物贸易，例如环境标志产品，以及公平、公正的贸易。

双方应特别关注消除与气候友好产品和服务相关的贸易或投资壁垒，如可持续再生能源产品和相关服务，能效产品和服务，包括通过采用有利于使用最佳可用技术和推动与环境和经济需求相呼应、将贸易技术壁垒最小化的标准。

双方认识到在发展化石燃料公共支持系统时，应确保考虑到尽量减少温室气体排放和限制贸易扭曲的需求。条款 12.7 段落（2）（b）并不适用于煤炭产业补贴，双方的目标是逐步减少对化石能源的补贴。

在推动贸易和投资时，双方应特别努力推动自愿原则基础上的企业社会责任实践。在这方面，各方应参照国际上认可的相关原则、标准或指南，例如 OECD 跨国企业指南、UN Global Compact 等。双方承诺就推动企业社会责任进行信息交流和合作。

**条款 13.12 维持保护水平**

1．一方不得豁免或减损，或提供豁免或减损环境和劳工法律来影响双方的贸易和投资。

2．一方必须有效执行其环境法和劳动法，通过持续或反复过程中采取行动或不采取行动的方式影响双方之间的贸易或投资。

**条款 13.13 透明度**

各方应按照各自国内的法律和第十四章（透明度），以透明的方式，及时通告利益群体并提供其发表观点的机会，确保任何旨在保护环境和劳动条件的可能会影响双方之间贸易的任何措施得以制定、引进和实施。

**条款 13.14 可持续发展影响评估（review）**

1．各方负责审查、评价和评估本协定实施对可持续发展的影响，包括各自或共同参与与现有实践相一致的进程和机构。

2．双方将就贸易可持续影响评价的方法和指标进行交流。

**条款 13.15 机构建立和监督机制**

1．为了本协定的执行，各方应该设立专门办公室作为联络点。

2．双方应设立贸易和可持续发展委员会（Board）。委员会应包括来自各方的高级官员。

3．委员会应在本协定实施两年内召开会议，以后为监督本章的执行，如有必要可再召集。

4．每次委员会会议应包括一次利益攸关方参与的公众会议，就本章执行的相关问题交换意见。双方应推动利益代表的平衡，包括独立代表、雇员组织、劳工、环境利益集团、商会以及相关利益攸关者等。

5．各方应建立新的或利用现有的磋商机制，例如国内咨询小组，以便在本章执行中从国内利益攸关方获取建议。类似的机制应包括由环境、劳工和商业机构等相关利益攸关者平均组成的独立代表。这些利益攸关者包括雇员和工人组织，以及非政府组织。这些利益攸关者可主动就本章的执行向各缔约方提交相关意见和建议。

**条款 13.16 政府磋商**

1．为避免在本章下就某一事项产生意见分歧，双方应诉诸于条款 13.16 和 13.17 中的程序。第 15 章（政府磋商）和第 16 章（争端解决）不适用于本章。

2．如果对第一段内容存在分歧，一方可以通过联络点递交书面请求。当一方提出磋商请求后，磋商应当及时展开。

3．各方应尽一切努力达成一个双方都满意的决议。各方应确保该决议反映了国际劳工组织或相关的多边环境组织或团体的活动，即促进各方和这些组织之间的合作与协调。一方可在双方同意的基础上，向这些组织或机构寻求建议，以便开展全面调查。

4．如果一方认为此事还需进一步讨论，另一方可要求贸易和可持续发展委员会考虑向另一方的联络点提供书面请求。委员会应及时召开会议，并努力达成对事件的共识。

5．适当时，委员会应咨询相关利益攸关者。

6．委员的决议应当公开，除非另有决定。

**条款 13.17 专家小组**

1．如果根据条款 13.16 委员会在收到磋商请求 120 天内仍没有得到解决，或超出了双方约定的时限，一方可通过向另一方联络点递交书面请求，建立专家小组开展调查。

2．本协定生效后的第一次会议上，委员会应根据附件 15-A 中相关程序规则建立专家小组的程序规则。

3．自本协定生效后的第一次会议上，委员会应建立至少包括 12 位有意愿和能力的个人组成专家小组。专家小组的组成分为三部分：其中两部分是由各方的专家组成，另外一部分由不属于任何一方国籍的个人作为主席团成员。各方应至少提名 2 名人员作为主席团备选人员。

4．第三段中的人员名单应包括具有解决劳工和环境法律或争端解决专业知识的个人组成。这些专家应该是独立的，就争端议题不能接受来自任何组织或政府的指示。

5. 除双方另有约定，专家小组应包括三名成员。应诉方在接到建立专家小组的请求30天内，各方应就专家小组的组成进行磋商以便达成共识。如果无法在时限内就成员组成达成共识，双方应在达成共识的基础上，从第三段提及的主席团名单中挑选，如果7天内仍未达成一致，则抽签决定。

6. 除非双方另有约定，自专家小组建立7天内，其职责范围（terms of reference）为：

“根据贸易和可持续发展章节的相关条款，就建立专家小组请求中的事项，调查并发布报告，为争端的解决提供建议。”

7. 专家小组可从任何认为适合的渠道获取信息。与条款13.3和13.6中多边协定相关的事项，专家小组可寻求ILO和多边环境协定组织的信息和建议。本段中任何信息都应向各方公开，各方可发表评论。

8. 专家小组应向各方提交中期报告和最终报告。报告应包括事实、适用条款以及这些发现和建议的基本说明。中期报告自专家小组建立90天内提交，任何一方都可向专家小组递交书面评论。最终报告不应晚于专家小组建立的150天内，如有延迟，专家小组主席应书面通告延迟的原因和报告提交的时间，最晚不能超过180天。除非另有决定，报告应向公众公开。

双方应根据专家小组的报告和建议，讨论执行的适当措施。当事方应通过条款13.15中提及的咨询机制告知其利益攸关方，以及在时限内向另一方通知任何行动或措施的决定。报告和建议的后续工作将由委员会监督，其他利益攸关方可就此向委员会提交相关意见。

## 4.3 环境条款谈判的主要分歧点

本部分以美国主导、12个成员参加正在谈判中的跨太平洋伙伴关系协议（TPP）[①]为例讨论各方在自由贸易协定环境条款上的分歧点。原因有二：一是，TPP的环境章节有较高水平；二是，TPP参与方较多，而且具有代表性，既包括了积极推动环境条款的美国等国，也包括了被动接受的越南等发展中国家。

根据2013年11月24日发布的TPP环境章节主席报告提供的关于环境章节的合并文本，TPP大约包括18个条款。谈判方已经达成一致的条款包括：目标、总体承诺、程序性事务、公众参与机会、公众提交、公司社会责任、促进环境绩效的自愿性机制、合作框架、机构安排和外来入侵物种等。仍然存在分歧的条款包括：定义、多边环境协定、咨询/争端解决、贸易和生物多样性、贸易和气候变化、海洋捕捞渔业、保护、环境产品和服

① 这12个成员分别是美国、文莱、智利、新西兰、新加坡、澳大利亚、秘鲁、马来西亚、越南、日本、墨西哥、加拿大。

务等。关于分歧的具体描述如下：

条款 1（定义）分歧：适用范围是否只包括中央政府层面还是也包括省等地方政府；是否强调在一国领土范围；是否与多边环境协定等挂钩。

条款 4（多边环境协定）分歧：主要分歧焦点之一。美国提出如果 TPP 缔约方没能有效采取相关措施履行《关于消耗臭氧层的蒙特利尔议定书》、《濒危野生动植物种国际贸易公约》、《防止船舶造成污染的马波尔协定》，则应受到争端解决机制惩罚。澳大利亚、文莱、加拿大、智利、日本、墨西哥、新西兰、秘鲁、新加坡和越南都予以反对，认为这是两个体系，不应捆绑在一起。

条款 12（咨询/争端解决）分歧：这是本章另一个主要分歧焦点。美国提出咨询过程要与争端解决过程相关联，争端解决要设立仲裁法庭，但其他 11 个国家都表示反对。

条款 13（贸易和生物多样性）分歧：美国不同意此条款，因为美国不是生物多样性公约的缔约方。其他国家没有反对设立此条款。

条款 15（贸易和气候变化）分歧：美国和澳大利亚不同意该条款。越南、秘鲁和马来西亚不希望将化石燃料补贴纳入。

条款 16（海洋捕捞渔业）分歧：分歧主要围绕渔业补贴是否并入多边环境协定条款《防止船舶造成污染国际公约》中等展开。美国认为海洋渔业在此条款中是必要的。

条款 17（保护）分歧：美国提出 TPP 谈判方在违反外国法律情况下应采取措施禁止野生动植物贸易。澳大利亚、文莱、智利、日本、墨西哥、马来西亚、秘鲁、新加坡和越南反对现有条款。

条款 18（环境产品和服务）分歧：文莱、越南、日本、马来西亚和智利反对现有某些说法。

从以上具体条款分析可以看出，针对自由贸易协定中的环境条款，从实质上看谈判方大体分两大类：第一类是美国，美国主导此谈判，提出最高标准，特别是将环境义务和争端解决机制等约束性机制挂钩，可进入司法程序；第二类是其他 11 国，坚决反对将环境争端解决机制进入司法程序，但是在其他条款方面根据各自利益各方又有不同观点。

# 5 自由贸易协定中的环境合作条款分析

目前世界上签订的大多数自由贸易协定中都包含环境合作的内容，但是其表现形式、合作深度和范围在不同的自由贸易协定中不尽相同。例如，环境合作条款在不同自由贸易协定中出现的位置有多种方式，有出现在附属于自由贸易协定的环境（技术）合作协定，有出现在环境（可持续发展）章节的环境合作条款，也有出现在合作章节中的环境合作条款等；环境合作内容的深度和范围在不同的自由贸易协定中也不尽相同，有专门针对某一具体环境技术或领域的合作，也有在环境领域内的全面合作。环境合作条款纳入自由贸易协定有助于协定双方增强在环境领域内共同开展工作、达成环境目标的互信；同时，要实现实质性的环境合作，离不开相应的资源配置，如制度安排、资金机制以及人员机制等。

## 5.1 自由贸易协定中环境合作总体情况分析

目前，在已签署的含有环境章节的自由贸易协定或含有附属环境协定的自由贸易协定中，均包含环境合作条款。

从区域上来看，环境合作条款主要出现在欧盟、美国、加拿大签署的自由贸易协定中，在环境章节包含环境合作条款的自由贸易协定中有 22 个自由贸易协定与上述 3 个经济体有关，约占 73%。

从时间上来看，在环境章节涉及环境合作条款的自由贸易协定均签署于 2000 年以后，特别是在 2005 年以后，较多出现在美国、欧盟和加拿大三个经济体自由贸易协定中，美国、加拿大因《北美自由贸易协定》的签署成为最早在自由贸易协定中纳入环境合作条款的经济体，而欧盟在自由贸易协定可持续发展章节中纳入环境合作条款则是始于 2008 年签订的《欧盟—加勒比共同体自由贸易协定》。

从环境合作条款出现位置来看，除出现在环境或可持续发展章节外，环境合作条款还出现在其他地方，如：《美国—约旦自由贸易协定》中的环境合作条款出现在联合申明中，《北美自由贸易协定》中的环境合作条款则出现在 NAAEC（附属协定）中，而加拿大与智利、哥斯达黎加分别签署了附属于自由贸易协定的环境合作协定。

从环境合作条款内容上来看，涉及的环境合作内容较为丰富，包括：加强协定双方环境保护，并将环境保护与可持续发展融入双方各个交互合作领域中；增强环境法律、法规、规章、政策和实践的一致性；增强环境管理科技人员及相关制度能力；促进合理地管理自然资源，采取环境友好的政策、生产过程及服务；增加环境相关事务的透明度以及公共参与等。

## 5.2 自由贸易协定中环境合作条款的时间演化

环境合作内容一开始并不包含在自由贸易协定之中，其经历了一个从无到有，由浅入深的演化过程。

纵向来看，根据现有的统计资料，在自由贸易协定中出现环境合作条款最早始于 20 世纪 90 年代，而自由贸易协定在此之前已有上百年的历史。

单个案例来看，很多已经开展的环境合作内容在自由贸易协定签署的最开始并未纳入到文本之中。以建立南方共同市场的亚松森协定为例，一开始在协定文本中仅在序文中提到成员国应当认识到经济一体化需要有效地利用自然资源并保护环境。而在此之后，在该自由贸易协定框架下成员间较好地开展了环境合作，建立了环境问题技术共同小组，该小组每年举办 3～4 次会议，并将会议内容形成报告递交该自由贸易协定下建立的最高决策层——共同市场集团，该小组的工作内容包括了如何建立本地区的“生态标签”以及如何将本地区政策保持与 ISO 14000 等标准相协调等。在此基础上，2001 年该协定成员签署了南方共同市场环境框架协定，该协定成为南方共同市场成员更进一步开展区域环境合作的基石。

另一个较为相似的例子是东南亚国家联盟（ASEAN，简称东盟），尽管东盟在最开始并未提及具体的环境目标，但是由于其一直关注区域和平、稳定发展，环境目标必然会成为其不可缺少的一部分。1994—2004 年该组织签订的《河内行动计划》（HPA）包括了处理跨界雾霾、自然保护和生物多样性、海岸和海洋环境、全球环境问题和初步的横向环境议题等，大约 1 600 万美元被用于该行动计划下的环境问题。2004 年一个对《河内行动计划》的评估报告显示在设置的 15 个环境行动议题中有 4 个已经完成，包括签署跨界雾霾协议、在雾霾领域开展合作的促进机制以及建立生物多样化区域中心等。随后，在 2004 年老挝举办的第十次东盟峰会上宣布的《万象计划》设定了下一个五年计划的目标，其中就包括广泛的环境合作方案。

上述两个例子充分显示了经济区域一体化程度的加深带来了区域层面环境问题的凸显，利益相关方需要通过进行环境合作来应对和解决新的环境问题。因而尽管上述两个例子中最开始签署的自由贸易协定并未纳入环境合作的内容，但是随着区域一体化进程，产生了实际的环境合作需要，如南方共同市场因对区域内的竞争性以及公平竞争环境的关注而加强了环境合作，而在东盟中主要是面对共同的环境问题，如跨界雾霾等问题而产生了环境合作需求，从而在区域自由贸易协定框架下纳入了环境合作内容。

另外，从内涵上看，自由贸易协定中环境合作内容经历了从具体化的合作领域到搭建合作框架的过程。例如，新加坡—韩国环境合作就仅限于具体领域的技术合作，如《关于压缩天然气技术合作谅解备忘录》，而更为广泛的合作方式则是在自由贸易协定中搭建环境合作的平台和框架，然后根据协定方的共同环境关注再制定和实施具体的环境合作。后者相对前者而言更具有灵活性，更能适应经济一体化进程的需要，然而从实施的角度而言，前者相对于后者而言更易转化为具体的行动。如新加坡—韩国签署的《关于压缩天然气技术合作谅解备忘录》，其合作主要集中在专业知识和经验的分享，在实施的时候面临的困难相对不大，而环境合作平台和框架在实施中首先需要协定方对共同关注和利益达成一致，在实施时还需要对协定双方的制度和体制进行考虑，最后才能得以顺利完成。同时，更深层次的环境合作，如环境政策合作上，还需要协定方的高度整合区这样的区域组织，才能使合作得以实现。

## 5.3 自由贸易协定中涵盖环境合作条款的主要动机

自由贸易协定中纳入环境合作条款特别是能力建设条款的一个比较显著的动机是由于协定双方在发展水平上存在着较大的差距，发展相对落后的一方在环境管理或可持续发展管理方面缺乏必要的制度、人力以及资金或专业知识，而基于区域共同实现持续发展的需要，较为发达的一方通过环境合作来弥补和帮助较为落后的一方，从而提升区域整体可持续发展能力，减轻或调整由贸易带来的负面环境影响。

然而，值得一提的是环境合作并不一定是单向的，较为发达的国家通过环境合作加深自身对于环境问题的认识。以《更紧密经济伙伴协定》（NZTCEP）为例，新西兰在环境合作中就是受益的一方，一个例子便是新西兰汽车尾气排放的考察团吸收和借鉴了泰国、新加坡的专业技术来控制汽车尾气排放，包括排放测量技术、交通管理政策和战略、车辆排放实施项目、燃料经济性标签以及气候变化政策等。

另一方面，从自身利益来看，发达一方也有纳入环境合作的动机，特别是在协定双方（发达一方和较不发达一方）共享同一生态系统时，发达一方纳入环境合作的意愿更强烈。由于较不发达一方在环境管理、环境政策、环境标准、环境执行等方面均落后于发达一方，在经济发展的同时损害了生态系统，而这一破坏很有可能通过边界传递到发达一方，从而使得发达一方利益受损，因此发达一方有动机将环境合作纳入到自由贸易协定中以冀实现自身和区域的可持续发展，这一点在《北美自由贸易协定》（NAFTA）中体现得尤为明显。按照该逻辑，出于对全球性环境问题的担忧，如全球气候变化、臭氧层破坏以及生物多样性丧失等考虑，在地域上不相邻的贸易双方在签署自由贸易协定时，如正在谈判的 TPP 等，也将环境合作议题纳入到其范畴内。

因此，归纳起来在自由贸易协定中纳入环境合作内容的主要动机有以下三点：一是，出于对区域环境问题的共同关注；二是，发达一方对产业竞争力的关注要求协定双方提高环境标准和执行能力，而作为对欠发达一方的弥补而纳入环境合作，特别是能力建设；三是，环境技术传播以及环境产品和服务自由化的需要。

## 5.4 环境合作的类型

从狭义上讲，环境合作是指发展水平近似的国家在共同努力下提高双方环境管理能力，这些能力包括环境政策、环境措施、环境技术、专家经验与知识以及双方共同处理环境问题的协调能力。而能力建设则更多的是发生在发达国家与发展中国家间，特别是在协定双方贫富差距较大，管理能力和技术水平也存在巨大差距时，那么此时通过能力建设往往比狭义的环境合作更为有效。然而由于在自由贸易协定签订实践中，环境合作和能力建设区分并不明显，或者往往能力建设包含在环境合作之中，因而本研究中环境合作是指广义上的环境合作。

在环境合作类型中，还有一个值得区分的是“纯粹”的环境合作以及与贸易相关的环境合作[①]。事实上，在自由贸易协定框架下并不完全是与贸易相关的环境合作，有许多合作是基于纯粹的环境问题。目前许多自由贸易协定包含了上述两种情况的环境合作，例如在《北美环境合作协定》（NAAEC）中，一方面其包括了许多纯粹的环境问题，如跨界环境污染，生物多样性保护等内容；另一方面该协定提出对贸易的环境影响进行长期跟踪和评价，如表 5-1 所示。这种情况在自由贸易协定签署时并不少见，如在《南方共同市场协定》（MERCOSUR）、《加勒比共同市场协定》（CARICOM）以及《东南亚国家联盟》（ASEAN）等中均能发现。特别是在拥有共同生态系统的区域协定中更为常见，这是因为这些国家在签署自由贸易协定时更为关心区域内的共同环境问题。

**表 5-1 NAFTA 中的环境合作内容**

| 类型 | 环境合作内容 |
|---|---|
| “纯粹”环境合作 | 北美环境合作委员会的污染物和健康计划特别关注：数据收集和分析技术及方法的标准化；推荐恰当的特定污染物限制标准；提升污染物防治技术和策略……<br>北美环境合作委员会的生物多样性计划关注共享和关键的栖息地及野生动物走廊、迁徙和跨界物种…… |
| 贸易相关环境合作 | 北美环境合作委员会的环境、经济和贸易项目特别关注贸易的环境影响、绿色贸易（评估、标签、金融以及环境友好产品的采购等） |

资料来源：《北美环境合作协定》

① 与贸易相关的环境活动有环境产品与服务贸易自由化、与贸易相关的环境措施及政策等。

另一种情况是由于签署自由贸易协定的需要而推动了“纯粹”的环境合作。比较有代表性的便是《中国—瑞士自由贸易协定》的签订，在《中国—瑞士自由贸易协定》谈判的推动下，中国—瑞士之间专门签订了《中国—瑞士环境合作谅解备忘录》，因此在《中国—瑞士自由贸易协定》环境章节中的环境合作更多的是与贸易相关的框架性合作内容，而在《中国—瑞士环境合作谅解备忘录》则更多的是纯粹的环境（技术）合作，如表 5-2 所示。

**表 5-2 《中国—瑞士自由贸易协定》及《中国—瑞士环境合作谅解备忘录》中的环境合作内容**

| | 环境合作内容 |
|---|---|
| 中国—瑞士自由贸易协定 | 第 12.3 条 促进有利于环境的货物和服务传播<br>一、缔约双方应努力推动和促进有利于环境的货物、服务和技术的投资和传播。<br>二、为达第一款之目的，缔约双方同意交换意见，并会考虑在此领域的合作。<br>三、缔约双方将鼓励企业就有利于环境的货物、服务和技术开展合作。<br>第 12.4 条 国际论坛合作<br>缔约双方将在缔约双方参与的有关双边、区域和多边论坛上，努力加强在共同关心的环境问题上的合作。<br>第 12.5 条 双边合作<br>一、缔约双方重申了以环境政策合作为手段以促进本章实施，并根据国家的环境政策目标和各自均为成员的多边环境协定中的义务，进一步提升环境保护水平的重要性。<br>二、为追求上述目标，缔约双方将以缔约双方之间现有的环境协定和安排为基础，考虑在拥有共同利益的领域开展进一步合作活动。<br>三、缔约双方间的环境合作将重点关注信息和专业知识交流、能力建设和培训、研讨会和讲习班、实习和奖学金以及关注国际上此方面动态等。上述活动应解决技术合作和转让问题，特别是关于环境友好型技术的合作和转让问题 |
| 中国—瑞士环境合作谅解备忘录 | 该备忘录对合作的领域进行了规范，如：大气和水污染治理、绿色低碳科技、生物多样性等 |

资料来源：http://fta.mofcom.gov.cn/，http://www.fmprc.gov.cn/ce/cech/chn/dssghd/t946169.htm

在实践层面，许多例子可以看出在自由贸易协定框架下，“纯粹”的环境合作早于自由贸易协定的实施。例如，在加勒比共同市场（CARICOM）、东盟以及南亚区域合作联盟（SAARC）等，其在自由贸易协定框架下涵盖的纯粹环境合作的开展均早于自由贸易协定的实施。又如美国在其签署的《中美洲自由贸易协议》（CAFTA-DR）中涵盖的环境能力建设，在该协定签署前美国就已经与上述缔约方开展了很不错的环境能力建设活动。

从上述例子可以发现一个很值得探讨的问题，即这些地区已经在自由贸易协定实施前开展了“纯粹”的环境合作，为什么还要将其纳入到自由贸易协定之中？归纳起来，其最根本的原因是出于对区域环境问题的关心，缔约方尽管先于自由贸易协定实施开展了一些“纯粹”的环境合作，然而这些环境合作具有临时性、偶发性等特点，在法律框架层面未能提供其实施的法律基础，为使得这些环境合作能够保持持续性和稳定性，因此在自由贸易协定谈判和签署时仍然需要将这些环境合作纳入其框架下，以使得这些环境合作具有法律层面的地位，获得制度性保障。同时，将这些纯粹的环境合作议题纳入自由贸易协定之中，也能够缓解缔约中较为发达一方对于区域经济一体化产生的环境影响以及公平竞争的担忧。

## 5.5 环境合作的资金机制及制度安排

### 5.5.1 资金机制

建立资金机制，为环境合作提供可靠的资金来源，是环境合作相关活动得以实施的必不可少条件。有了稳定的资金来源，自由贸易协定下的环境合作才能持续展开。然而，值得注意的是，在自由贸易协定框架下一般很少会具体列出某一项环境合作的资金配套情况，通常的做法是在自由贸易协定中打入一个楔子，为环境合作提供一个资金来源框架。例如，在《加拿大—哥斯达黎加自由贸易协定》中规定为环境合作建立一个基金，然后根据具体的环境合作项目提供相应的资金支持。

在《中国—瑞士自由贸易协定》中，中瑞双方并未就环境合作的资金进行具体的规定，而是建立了一个比较宽泛的资金框架，然后根据具体的项目通过双方协商一致和具体项目商定的条款，来提供相应的环境合作项目支持资金。

尽管在很多自由贸易协定框架下并未对环境合作的资金机制做出具体安排，然而在其框架下建立起来的环境合作资金机制还是得以很好地细化和实施。例如，欧盟与智利于2002年签署了自由贸易协定，在框架下并未对环境合作的资金做出具体的安排。然而，在2001年欧盟与智利已经签署了一份合作备忘录，制定了2000—2006年的多年合作计划。在该备忘录下纳入了一个整体管理自然资源项目，用于解决一些国家依赖原材料出口拉动经济增长，但由于管理不善对环境特别是对不可再生资源产生较大压力的问题。这种对于不可再生资源的不善管理将会影响到当地各种生态系统的可持续性。为了解决这一问题，在该备忘录中列出了具体的应对策略，并在各项策略后面详尽地列出了相应的技术以及需要的资金。

另一个值得注意的问题是，在自由贸易协定框架下环境合作的资金来源渠道和方式并不是单一的。大多数自由贸易协定并未对环境合作的资金来源渠道和方式进行限定，从实际操作层面来看，环境合作资金并不一定是来自缔约方政府，例如在南方共同市场（MERCOSUR）下进行环境合作相关活动的资金并不仅仅来源于各个成员国，还有一部分资金是来自各类发展援助资金，如德国的德国技术合作公司（GTZ）。同样，在《中国—瑞士自由贸易协定》中，环境合作的资金来源规定更为广泛，甚至提及纳入了私营部门资金。

广泛的资金来源渠道为环境合作提供了宽泛的基础，然而后续的细化资金机制如果不能有效跟进，那么环境合作的开展将面临不确定性和风险。

### 5.5.2 制度安排

在大多数自由贸易协定中，为了保障其环境承诺能够得到有效的执行和实施，均会进行相应的制度安排。这些制度安排的形式和授权程度取决于缔约方做出的环境承诺程度。一般而言，制度安排主要用于监督环境承诺的实现程度，当然包括了对环境合作实施的管理和监督。

在实践层面，各个国家对于环境合作的制度安排不尽相同，但是比较有代表意义的环境合作制度安排归纳起来有三类：

（1）环境合作委员会

例如，在《北美环境合作协议》（NAAEC）下，规定缔约方建立环境合作委员会（CEC），该委员会由一个理事会、一个联合公共咨询委员会以及三国环境部长委派的秘书处组成。其中，理事会是环境合作委员会的主体。该理事会由三国环境部长（或同等级别人员）组成，每年至少会面一次来讨论三国环境合作项目或活动。联合公共咨询委员会则由各个国家政府（美国、加拿大以及墨西哥）指派 5 名成员，共 15 名成员组成。该咨询委员会成员在北美环境合作协定的框架范围内为理事会决策提供独立的咨询和建议。而秘书处则是由专家组成，他们的职责是启动相关研究方案，并开展与北美环境、环境法、环境标准以及环境和贸易等相关问题的研究，同时还处理和答复公众对环境问题的咨询。基于研究和专家经验，秘书处为理事会以及理事会下设的委员会和小组提供技术层面和实施层面的相关支持。

《北美环境合作协定》下的环境合作委员会是对于环境合作相对完善的制度安排，在美国和加拿大随后的自由贸易协定中，对于环境合作的制度安排则相对简单一些。例如，美国—智利以及加拿大—智利自由贸易协定中则仅规定环境委员会至少每两年举行一次会议，而美国—摩洛哥自由贸易协定中则仅建立了环境合作工作组，由双方政府委派代表每年会面至少一次来深化双方环境合作，在美国—新加坡签署的环境事务合作意向备忘录中虽然指出了双方每两年对环境合作的情况进行一次回顾，但是并未建立具体的制度安排。

（2）与环境相关的子委员会

相对于北美（美国、加拿大）而言，欧盟在实践层面的做法不同。欧盟在自由贸易协定中并不建立特定的委员会来负责环境合作，而是将环境合作事项纳入整个自由贸易协定框架下建立的监督和制定机构，例如联合委员会或合作委员会，然后再在这些委员会下面建立相应的子委员会，来处理具体的环境合作事务。

（3）环境相关议题联络点

由于中国在自由贸易协定框架下处理环境合作事务的实践起步较晚，因而其制度安排主要借鉴了北美和欧盟的实践经验。例如，在《中国—瑞士自由贸易协定》下关于环境合作的制度安排如下：

“第 12.7 条 实施和协商

一、为促进本章实施及相关沟通事宜，指定以下联络点：

（一）对于中国：中华人民共和国商务部（MOFCOM）

（二）对于瑞士：联邦经济总局（SECO）

……”

可以看出，尽管《中国—瑞士自由贸易协定》下设立了环境事务联络点，与北美的实践较为相似，然而双方联络点却又放在经济部门，这又与北美实践不太相同。

## 5.6 环境合作的具体领域

由于环境合作是确保自由贸易协定下环境承诺得以实现的重要途径之一，因此从广义上来讲，环境合作涵盖的领域几乎囊括了自由贸易协定中出现的关于环境的所有内容，例如：支持多边环境协定实施、环境产品与服务贸易自由化、增强协定双方环境措施（包括法律、法规和标准等）的兼容性、防治污染政策和技术合作、环境监测指标的协调和统一、共同开展自由贸易协定环境影响评价以及制度构建等，一一列举已经超出了本研究范围。因而本文将就环境合作的主要形式进行讨论，这些合作形式包括：支持多边环境协定实施、促进环境产品和服务贸易自由化、能力建设以及促进环境技术传播等。就合作的具体形式而言，通常有就某一项目开展具体的技术合作、举办合作论坛以及在多边环境协定框架下相互支持等。

### 5.6.1 支持多边环境协定的实施

目前，由于多边环境协定框架下的履约机制较为松散，对于发展中国家的约束力不强，导致发达国家颇为不满。发达国家在多边框架下推动环境议题吃力的情况下，转而走向双边为主的自由贸易协定，通过环境合作等内容，确保缔约方履行其在多边环境协定下的义务，这已逐渐成为一种趋势。

最开始比较常见的一种形式为：缔约方在自由贸易协定的序言部分对遵守多边环境协定义务进行一般性申明，例如在美国和智利签署的自由贸易协定中，双方在序言部分申明通过多种手段来保护和提高环境，这些手段就包括履行均为缔约方的多边环境协定义务。

随着自由贸易协定的发展，为更加强调对于多边环境协定的支持，该条款放置在了环境章节之中。以韩美自由贸易协定（KORUS）为例，其环境章节的第 2 条便是关于双方在多边环境协定中的合作，其规定如下：

第 20.2 条 多边环境协定

双方应该采用、保持和执行法律、法规和其他措施以履行附录 20-A（适用协议）列出的多边环境协定规定的义务。

在韩美自由贸易协定中，不仅将遵守多边环境协定义务作为单独的一条在环境章节中提出，同时也将双方应该遵守和履行的多边环境协定以附件的形式列出，使得遵守多边环境协定义务条款更加具体和明晰。

中国也有类似的实践历程，在最初签署的自由贸易协定中，仅能在序言中找到对环境和可持续发展义务的重申，并未针对具体的多边环境协定，随着自由贸易协定实践的发展，中国在《中国—瑞士自由贸易协定》中建立了环境问题章节，并在其中专门列出了多边环境协定条款。例如在《中国—瑞士自由贸易协定》环境章节第 2 条中仅提出了"……缔约双方均为成员的多边环境协定，以及本协定第 12.1 条中提到的国际文件中体现的环境原则和义务……"，尽管并未指明或以列表的形式将这些多边环境协定列出以及指出将协调国内法律、法规和措施以保证多边环境协定义务得以履行，但是相对以前中国自由贸易协定的实践而言，已经向前迈出了一大步。

### 5.6.2 促进环境产品和服务贸易自由化及环境技术传播

环境产品和服务贸易自由化及环境技术传播是环境合作的一个重要方面，通过推动环境产品和服务贸易自由化及环境技术传播，能够节省缔约方使用环境产品和服务的成本或获得先进的环境技术，从而更好实现区域绿色增长和发展。关于环境产品和服务贸易自由化及环境技术传播的条款主要出现在自由贸易协定中的环境章节或者附属环境合作协定中。

例如，《日本—墨西哥自由贸易协定》环境领域合作条款中提到：

条款 147 环境领域合作

1. 双方认识到为满足提升和保护环境从而实现健全、可持续发展需要，应在以下环境领域开展合作：

……

C）鼓励环境产品和服务的贸易及传播；以及

……

在《中国—瑞士自由贸易协定》中，双方在环境问题章节的第 3 条进行了如下规定：

第 12.3 条 促进有利于环境的货物和服务传播

一、缔约双方应努力推动和促进有利于环境的货物、服务和技术的投资和传播。

二、为达第一款之目的，缔约双方同意交换意见，并会考虑在此领域的合作。

三、缔约双方将鼓励企业就有利于环境的货物、服务和技术开展合作。

而在中美自由贸易协定（CAFTA-DR）中，则是在附属环境协定中对促进环境产品和服务贸易自由化及环境技术传播进行了相关规定。

通过分析，不难发现美国在推动环境合作领域中环境产品与服务贸易自由化及环境技术传播最为积极和热心，在几乎所有美国签署的自由贸易协定中均能看见此条款，同时在APEC 中美国也积极促成了环境产品清单的达成，推动 APEC 范围内实现环境产品和服务贸易自由化。美国之所以热心于环境产品和服务贸易自由化及环境技术传播的原因在于美国一方面在环境产品和服务部门拥有较强的竞争力，有着较为先进的环境技术；另一方面美国 2002 年实施的贸易法案在基本贸易谈判目标中设定了“通过降低关税和非关税壁垒，为美国环境技术、产品和服务寻求市场准入”。

从上述实践可以看出，推动环境产品与服务贸易自由化及环境技术传播已成为环境合作领域的一个重要议题。

### 5.6.3 能力建设

尽管在一些研究中将能力建设与环境合作可以区分开来，但是对于发展中国家而言，能力建设是其实现环境承诺不可或缺的一个重要环节，也是增强发展中国家环境管理能力，实现与发达国家更好合作的重要途径。通过分析可以发现，在环境合作中特别是发达国家与发展中国家签署的关于环境合作内容中，往往伴随着能力建设内容。

以日本与墨西哥签署的自由贸易协定为例，在其环境领域合作条款中提到：

条款 147 环境领域合作

1. 双方认识到为满足提升和保护环境从而实现健全、可持续发展需要，应在以下环境领域开展合作：

……

b）开展能力和制度建设，以便培育应对联合国气候变化框架协议京都议定书下与清洁发展机制相关的活动，并根据研讨会和专家意见进行修订，同时探索以适当的方式鼓励实施清洁发展机制项目；

……

在该条款中，可以看出能力建设是实施后续环境合作的前提和基础。又如在《中国—瑞士自由贸易协定》中，也可以在 12.5 条双边合作条款中找出环境能力建设相关内容，如下：

第 12.5 条 双边合作

……

三、缔约双方间的环境合作将重点关注信息和专业知识交流、能力建设和培训、研讨会和讲习班、实习和奖学金，以及关注国际上此方面动态等。上述活动应解决技术合作和转让问题，特别是关于环境友好型技术的合作和转让问题。

可以看出，在发达国家和发展中国家自由贸易协定缔约实践中，环境能力建设是实现环境合作和环境承诺一个必不可少的环节。该环节是平衡发达国家对环境的关心以及发展中国家环境管理能力相对不足的一个关键因素，也是发达国家与发展中国家在签订自由贸易协定时环境章节能否迈向高标准的一个关键。

# 6 自由贸易协定中环境争端解决机制

争端解决机制是从 1947 年《关税与贸易总协定》有关条款及 40 多年争端解决的实践发展而来的，在此基础上形成了 WTO 争端解决机制的基本法律文件《关于争端解决规则与程序的谅解》（DSU）。自由贸易协定一般都包括争端解决机制，但是，多数较早的自由贸易协定中的争端解决机制都将环境条款排除在外，近年来，独立章节中也包括了争端解决条款。

## 6.1 国家间争端解决方式概述

国家间争端解决方式包括政治性的争端解决方式、准司法性质的争端解决方式和司法性质的争端解决方式三种。

### 6.1.1 政治性的争端解决方式/外交方式

政治性争端解决方式又包括以下几类：

谈判（negotiation）和协商（consultation）：争议双方自主解决纠纷，不借助第三方，也不让第三方介入。

斡旋（good office）和调解（mediation）：借助第三方解决纠纷，第三方通常是自然人。二者的区别是：斡旋人仅将争议的双方聚合在一起，其本人不参加双方之间的商谈；调解人不但将双方聚合在一起，而且参加双方之间的商谈，也提出自己的意见。

调查与和解：通过调查委员会或和解委员会解决争议。二者的区别是：调查委员会同样适用于关于事实的争议，委员会出具调查报告后，由双方自己决定最后的解决方式；调解委员会除认定事实以外，还出具关于争端如何解决的调解意见。委员会的报告一般只有建议性，除非双方另有规定。

### 6.1.2 准司法性的争端解决方式

准司法性的争端解决方式又分为仲裁和专家组裁决两种。

仲裁：由争议双方选定的第三人解决纠纷，并承诺履行裁决。可以是独任仲裁（独任仲裁员可以有助手，但对裁决结果负责的是他一个人），也可以是由仲裁庭仲裁，实践中以后者居多。仲裁可以是没有常设仲裁结构的临时仲裁[①]，也可以是机构仲裁，如解决投资争议国际中心（International Center for Settlement of Investment Disputes）[②]和国际常设仲裁院（Permanent Court of Arbitration）[③]等。

与诉讼的区别是：仲裁过程通常是保密的，不对外公开。与前述政治性争端解决方式的区别是：双方达成的仲裁裁决具有约束力，双方应该履行。曾经出现过因一方不履行仲裁裁决，另一方提出诉讼，要求确认裁决的效力的案件，如国际法院 1989 年受理的几内亚比绍诉塞内加尔 1989 年 7 月 31 日仲裁裁决的效力案[④]。

专家组裁决：专家组裁决的程序比较灵活，它既可以类似仲裁，也可以类似和解委员会程序，具体要看对专家组决定的性质是如何规定的。如 WTO 中的专家组报告（panel report），就更像仲裁，并且明确规定了专家组报告的约束力和履行，是准司法性质的。

### 6.1.3 司法程序

进入司法程序，由国际性司法机构或区域性司法机构或国内法院几种方式受理。

国际性司法机构：典型的如通过国际法院（International Court of Justice）解决争议，一些多边环境协议中有这样的规定。

区域性司法机构：典型的如欧盟法院（Court of Justice of European Union），如果成员国违反了欧盟的环境法律，经欧盟委员会警告等仍不改正，可以被诉至欧盟法院。

国内法院：哪些争议可以提交一国国内法院解决，最主要的就是要看该国关于法院管辖权的规定。如果自由贸易协定中有“每一成员应该为环境损害的受害人提供寻求司法救济的机会”或类似规定，那么国内法院在与自由贸易协定下的环境问题相关的纠纷解决中就可以发挥作用。否则，因为 FTAs 的成员方是国家，通常国内法院并不是争议解决的渠道。

在解决投资者与东道国之间的投资争端方面，过去曾经很强调“当地救济优先”[⑤]，即应该先使用东道国提供的救济措施。但最近十几年间，这一做法也不再被坚持。

①个人或者公司在本国诉讼外国国家的案件：根据传统国家法，国家及其财产免受外国法院的司法管辖，国家同意受管辖的情况除外。

---

① Ad Hoc Arbitration，也有的翻译为专案仲裁。

② 根据 1965 年的《解决国民与他国国民间投资争议公约》设立，在美国的华盛顿特区。

③ 于 1899 年设立，在荷兰海牙。

④ International Court of Justice，Arbitral Award of 31 July 1989（Guinea-Bissau v. Senegal），http://www.icj-cij.org/docket/index.php?p1=3&p2=3&code=gbs&case=82&k=73&p3=0；中文编译见边永民：《国际公法案例选》，对外经济贸易大学出版社，第 196-202 页。

⑤ 陈按：中外投资协定中的四大“安全阀”不宜贸然拆除——美、加型 BIT 谈判范本关键性“争端解决”条款剖析，国际经济法学刊，2006，第 13 卷第 1 期，第 14 页。

②个人或者公司在外国诉讼外国政府的案件：这样的案件不存在管辖豁免问题，但是，仍然要看法院地国关于受案范围的规定。例如各国受理环境公益诉讼的规定很不一样。只要符合了受案条件的规定，法院通常不应区分原告是本国人，还是外国人。也就是说，法院通常不能只为本国人提供救济，而不给外国人提供救济。这样的案件可能是行政诉讼，也可能是民事诉讼，要看具体事由。

③个人或公司间的诉讼：这类诉讼一般法院都没有针对外国个人或公司的特殊规定，主要看国内法院关于案件受理的一般规定。

## 6.2 自由贸易协定中的环境纠纷

贸易协定中涉及环境问题的纠纷难以一一列举，这主要视自由贸易协定对环境问题的实体性规定有哪些，这些实体性规定，决定了可能产生的环境纠纷的种类和范围，而争端解决部分的规定只是程序性规定。大致分为以下两种类型。

### 6.2.1 传统与贸易有关的环境争议

这里所说的传统的环境争议，指的是在多边贸易协议下，即 WTO 框架下可能提出的环境争议，这些与环境有关的贸易争议可以通过贸易争端解决方式解决。很多自由贸易协定重申了很多 WTO 协议中的规则，并在其上做出很多延伸，所以，发生在 WTO 下的环境纠纷也可能发生在自由贸易协议下。

WTO 下的争端解决机制主要是解决贸易争端，对环境争端的受理只限于与贸易有关的一小部分。这主要是因为 WTO 协议中与环境问题直接相关的规定有限。

WTO 下的贸易与环境争议可以与 WTO 协议的下列内容有关：

① GATT 第 20 条（b）和（g）款；[①]

a．第 20 条（b）与保护人类和动植物的生命和健康所必需的措施：如限制香烟[②]、石棉[③]、转基因产品[④]、含激素的牛肉产品[⑤]进口、限制某些致病动植物产品进口[⑥]等；

b．第 20 条（g）与自然资源管理有关的争议：自然资源包括的范围很广，除了矿

---

① 第××条一般例外条款规定："本协议的规定不得解释为禁止缔约方采用或加强以下措施，但对情况相同的各国，实施的措施不得构成武断的或不合理的差别待遇，或构成对国际贸易的变相限制：

（b）为保护人类、动植物的生命或健康所必需的措施；

（g）与国内限制生产和消费的措施相配合，为有效保护可能用竭的天然资源的有关措施；"

② 见泰国诉美国香烟案。

③ 见加拿大诉法国石棉产品案。

④ 见美国、加拿大诉欧共体转基因产品案，2006。

⑤ 见美国、加拿大诉欧盟牛肉案，1998。

⑥ 见美国诉日本苹果案，2003。

产[①]、动植物[②]和水等这些传统意义上的资源以外，根据WTO争端解决机制的解释，清洁空气也是可能被耗尽的自然资源[③]；

②《技术性贸易壁垒协议》[④]；

③《实施动植物卫生检疫措施的协议》；[⑤]

④《补贴和反补贴措施协议》；[⑥]

⑤《农产品协议》；[⑦]

⑥《服务贸易总协定》第14条；[⑧]

⑦《与贸易有关的知识产权协定》；[⑨]

⑧其他。

### 6.2.2 源自自由贸易协定中环境章节的新型环境纠纷

这里所说的新型环境纠纷，是指没有被现在的WTO协议所覆盖的与环境有关的纠纷，它们可能产生于自由贸易协定中关于环境保护的新规定，这类环境纠纷可能与贸易并没有直接的联系，它们是更纯粹的环境纠纷。

（1）有效实施缔约方签署的多边环境协定

如果一方对另一方的履约状况不满，可以请求与其协商。如果一方加入的环境公约数

---

① 见美国诉中国原材料案、美国诉中国稀土案。

② 见泰国、马来西亚、印度和巴基斯坦诉美国虾—海龟案，1998；墨西哥诉美国金枪鱼—海豚案，1991；加拿大、挪威诉欧盟禁止进口和销售海豹产品案，2013。

③ 见委内瑞拉诉美国清洁汽油案，1995。

④ 该协议第II条第2款在叙述实施技术壁垒所应符合的合法目的时，也将保护环境明确地包括在内，从此可以看出，该协议已明确地将保护环境列为可以援引和维持技术壁垒的正当理由之一。例如对产品包装材料应为可回收材料的要求。

⑤ 该协议的目的是维护政府规定其认为合适的健康水平的主权，但保证这种主权不得滥用于保护主义的目的，不得对国际贸易形成不必要的壁垒。

⑥ 补贴措施对环境产生的不利影响主要表现在对农业和渔业的补贴上。有一种比较激进的观点认为：如果一国缺少必要的控制工业污染的环境法规，或不严格执行环境法规，则也可认定为是对其本国相关工业的补贴，例如该收的环境税/费不收，该罚的不罚，等于给予其财政支持。

⑦ 该协议的附件II的第12条规定环保计划下的支付条件是："获得这类支付的资格应确定为明确定义的政府环境或保护计划的一部分，并应以达到该政府计划中的具体条件为前提，包括与生产方法和投入有关的条件。并且，这类支付数额应限于遵守该政府计划而出现的额外费用或收入损失"。农业与环境有着非常紧密的联系。农业灌溉用水在大多数国家中都是最大的单项用水，农业化肥和杀虫剂的使用是地下水的主要污染源，伐林开荒等活动又常常使动植物失去它们的栖息地，使生物多样性受到威胁。所以与农产品有关的政策对环境有很大的影响。

⑧ 第14条："一般例外：1. 只要这类措施的实施不在情况相同的国家间构成武断的或不公正的歧视，或构成对国际贸易的变相限制，则本协议的规定不得解释为阻止任何成员采用或实施以下措施：……（b）为保护人类、动物或植物的生命或健康而必需的。"

⑨ 该协定的第XXVII条第2款和第3款是与保护环境有关的条款，第2条款规定：各成员国可不授予下述发明专利权，如果在其境内阻止对这些发明的商业性利用对维护公共秩序和道德，包括保护人类、动物或植物的生命或健康或避免严重损害环境是必要的。第3款规定：各成员国也可以不对以下发明授予专利：……（b）除微生物以外的植物和动物，以及除非生物和微生物工艺之外的产生植物或动物的工艺，而且这种工艺基本上属于生物过程的生物工艺。但是，各成员国应规定用专利或一种专门有效的制度或通过对这两者的综合运用来保护植物品种。

目较多，这一规定的涉及面就会很广。有的自由贸易协定对环境公约进行了具体列举，例如美国签署的自由贸易协定基本对于双方应该共同履行的多边环境条约进行了列举，而有的并没有对双方应共同履行的多边环境条约进行列举，这可能意味着双方将合作履行的多边环境协定的种类和数量都是没有限制的，包括将来双方共同批准的多边环境协定。

（2）有效实施国内的环境法律和法规

如果这里没有对“环境法律和法规”进行任何限定，在实施中可以理解为所有的环境法律和法规，范围也非常广泛。美国所签署的自由贸易协定环境章节最后部分对环境法律法规都给出了明确的定义和范围。《尼加拉瓜—中国台北自由贸易协定》也包括专门环境法律定义的条款。

（3）不得降低环境标准（包括执法水平）吸引投资或对贸易实施保护

如果缔约方在制定环境政策时，没有严格遵守非歧视原则，让外国的企业或产品在竞争中处于相对不利的状况，这样的措施就可能有问题。

（4）遗传资源的取得和惠益分享

这部分内容在有的自由贸易协定中不在环境章节部分，可能在知识产权章节。这说明我们不能机械地理解环境争议，以为环境章节没有覆盖的内容，就不会引发与环境相关的争议。其他章节的规定，如果涉及环境问题，仍然有可能产生与环境相关的争议。

综上可知，自由贸易协定中的环境纠纷可能非常广泛。除非我们能证明，某个环境问题，无论根据国际法还是根据国内法，它都不是一个环境问题，这样才能免除义务。

## 6.3 自由贸易协定中的环境争端解决机制概述

从我们研究的 32 个有独立环境章节的自由贸易协定看，只有 7 个没有涉及环境争端解决机制。换句话说，自由贸易协定独立环境章节中包含专门争端解决机制条款的占 78%。从国家来看，主要是加拿大签署的 4 个自由贸易协定不包含争端解决机制条款，欧盟—加勒比共同体、欧盟—喀麦隆、欧盟—巴布亚新几内亚—斐济 3 个自由贸易协定没有涉及环境争端解决机制条款。从解决方式来看，约 1/3 的环境争端解决机制包含了准司法性质的解决，例如专家组裁决，包括《美国—哥伦比亚自由贸易协定》、《美国—韩国自由贸易协定》、《欧盟—韩国自由贸易协定》等，其余的只涉及政治性协商。

### 6.3.1 自由贸易协定中独立的环境争端解决机制

自由贸易协定下环境争议的特点决定了其争端解决机制最好是独立的。在自由贸易协定中，当事国可以自由决定他们愿意接受的环境合作，通常其范围都比 WTO 中的环境问题广。对于当事国自愿进行的新的环境合作中产生的争议，他们通常都选择独立的争端解决方式，而不是提交WTO的争议解决机制，原因主要有如下两点。

第一，很多自由贸易协定中的环境争议，是纯粹的环境问题，与贸易没有直接关系，不在WTO争议解决的范围内。如《中国—瑞士自由贸易协定》第12.2条第1款规定：“缔约双方再次承诺，在其法律和实践中有效实施缔约双方均为成员的多边环境协定，以及本协定第12.1条中提到的国际文件中体现的环境原则和义务。努力通过各种手段，包括对各自环保法律和法规的有效实施，进一步提高环保水平”。这一条款对于双方应有效实施的多边环境条约未给予任何限制，即不限于与贸易有关的多边环境条约，如《生物多样性公约》和《联合国海洋法公约》都是双方共同批准的多边环境条约，但其中的绝大多数内容都不是与贸易直接相关的。所以，一些关于履行多边环境协议产生的争议，并不适宜提交 WTO 解决，而且多边环境协议也不在 WTO《争端解决谅解备忘录》所适用的“covered agreements”的范围之内，WTO的争端解决机构在解决这类争端时，也不会直接适用多边环境协议[①]；

第二，各国关于环境问题的政策取向不同。有的国家可能采取优先发展经济，有的强调经济发展和环境保护并重，还有的是环境保护优先。这些政策选择是一国主权问题，在国际上并无贸易和环境的一般关系的国际法规则的情况下，把这么重大的问题提交WTO的争端解决机构或贸易争端机制去解决，是很多国家不愿意的。因为这首先是一个立法层面的问题，在规则缺失的情况下，让司法机构（WTO 争端解决机构）来裁决，是公认的次优方式。所以，很多国家选择在自由贸易协定中为环境问题规定单独的争端解决方式，这也是最适合的自由贸易协定下的环境争端解决模式。

### 6.3.2 自由贸易协定中的争端解决机制与其环境章节中争端解决条款的关系

既然自由贸易协定中为环境争端规定了独立的争议解决条款，我们大体上可以期待环境争议都按照单独的争议解决机制解决。但这并不是绝对的。某些争议是明显的环境争议或者是贸易争议，但也有一些争议，大家对其定性本身就是有争议的。观察现有的自由贸易协定，我们看到两种处理模式：一种是分章节解决争端，凡是环境章节的争议适用环境章节自设的争端解决方法；另一种是根据争议的性质确定争端解决方法。下面分别叙述。

1）分章节解决纠纷——以《中国—瑞士自由贸易协定》为例

以《中国—瑞士自由贸易协定》为例，协定第15章规定的争议解决方式有协商（第15.3条）、斡旋、调解、调停（第15.2条）和仲裁（第15.4条），也可以将争议提交WTO争端解决机制（第15.1条）。同时，协定中关于环境问题的第12章明确规定，第15章中

---

① 更多论述可见边永民：含贸易措施的多边环境协议与WTO之间的关系，当代法学，2010年第1期，第152-160页。

的争端解决机制不适用于第 12 章，“如果缔约一方认为另一缔约方行为不符合本章有关条款的规定，其仅可诉诸在联合委员会下举行的双边协商和对话”。根据这一条款的规定，凡以第十二章的规定为依据的申诉，应该通过协商和对话解决。

（1）分章节解决环境纠纷的模式

中国—瑞士自贸区协定为环境争议建立了单独的争端解决模式，即将自贸区协定下可能发生的争议分为以第十二章为依据的争议（环境争议）和以其他章节为依据的争议（非环境争议），对于环境争议和非环境争议分别适用不同的争议解决方法。

①纯粹的环境争议：按照第十二章的规定，通过协商和对话解决；

②与第十二章无关的、与贸易有关的环境争议：可按自贸区协定规定的贸易争议解决方式，或提交 WTO。

上述安排是一种协议起草方按照自己的意愿所做出的理想化的规定。这一“理想”应该通常可以得到实现，但在实践中，不排除某一争议混合了环境争议和非环境争议的情况。从《中国—瑞士自由贸易协定》来看，其覆盖的环境问题实际上不限于第十二章的规定。第十二章开辟了一些环境合作的新领域，但是，一些 WTO 下的传统的环境问题，如卫生和检疫、植物新品种保护、遗传资源的获得等，都不属于第十二章范围的内容，与这些传统的环境问题相关的争议，仍然可以按照第十五章的规定解决。

③“混合性争议”：最可能引发不同意见的是可以同时引用第十二章和非第十二章规定而提出的争议。如第十二章规定，中瑞双方要履行双方同为成员的国际环境条约，这个范围很广。而知识产权保护一章又有关于遗传资源获得、保护生物多样性和植物新品种保护的规定。我们假设一项争议同时涉及这些内容，那么这个争议只是与第十二章有关，但不属于仅仅依据第十二章提出的争议，这样的争议，可能并不受第十二章本身关于争议解决的限制性规定的约束。

这类“混合性争议”的例子，如，一国为保护海龟而限制捕虾方法，因为某些捕虾方法可能导致较高的海龟误捕率，不遵守新的捕虾规则的产品要受到贸易限制。这一措施与《濒危野生动植物物种国际贸易公约》有关，海龟列在该公约的濒危物种目录中。争端当事国可以把它定性为“履行多边环境条约中产生的”纠纷，适用环境章节的争端解决方式；也可以把它定性为与贸易有关的环境纠纷，适用贸易纠纷的解决方式，或者诉诸 WTO。

（2）利弊分析

①中国—瑞士自由贸易区协定环境争议解决模式的好处：相对容易操作。只要看某一争议的依据是否是环境章节的内容就可以了。

②中国—瑞士自贸区协定环境争议解决模式的弊端：只要争议的依据不是出自第十二章，即使该争议明显是环境争议，也不受第十二章规定的环境争议解决方式的限制，而是可以诉诸贸易争议解决方式。

2）按争议的特点解决——以《北美自由贸易协定》模式为例说明

《北美环境合作协议》第五部分规定了环境合作中的争议解决方式。争议解决的程序共有三种：协商、理事会讨论和仲裁，分别适用于不同的争议。

（1）按争议特点解决纠纷的操作

①协商：如果一方对另一方持续地不能有效执行其本国环境法不满，可以书面请求磋商。因为一国国内环境法的范围非常广，所以可以理解为任何环境争议都可以通过协商解决。

②理事会：如果协商后 60 天仍然没能解决纠纷，经一方书面请求，理事会可以召开特别会议（special session），讨论争议的解决。为解决争议，理事会在必要时，可以成立技术顾问组或者专家组，也可以通过斡旋、调解及和解程序解决纠纷。

③仲裁：如果在理事会介入后 60 天仍然未能解决纠纷，经任何一方书面请求，及理事会 2/3 投票同意，理事会可以成立仲裁庭来解决下列纠纷：①

a．一方没能有效实施环境法的情况与在缔约国领土间进行贸易的产品的供应者或服务的提供者相关；

b．一方没能有效实施环境法的情况与缔约国领域内相互竞争的产品的供应者或服务的提供者相关。

也就是说，并非所有的环境争议都可以提交仲裁，只有那些与贸易和竞争有关的环境执法方面的争议，才能被提交仲裁。但环境协议对可以提交仲裁的争议的限制实际上并不是特别严格，只要求与某种情况相关就可以。

（2）利弊分析

北美自由贸易协定模式的好处：协商和司法程序结合得非常好。可以协商的环境问题很广，对能够提交仲裁的争议进行了限制，防止了滥诉，同时，通过理事会程序对于争端解决提供一个三方集中辩论的机会，相当于一个提交仲裁前的“减压阀”，使得某些争议不必提交仲裁。

北美自由贸易协定模式的弊端：操作并不容易。如果协商和理事会程序都未能解决纠纷，就需要确定争议是否涉及了产品或服务的提供者。而协议本身并没有明确争议必须实际涉及或影响了产品或服务的提供者，还是理论上涉及就可以。总之，北美自由贸易协定模式是根据争议性质确定争端解决方式，而定性本身在特定情形下，往往并不容易。

---

① North American Agreement on Environmental Cooperation，Article 24：Request for an Arbitral Panel

“1. If the matter has not been resolved within 60 days after the Council has convened pursuant to Article 23，the Council shall，on the written request of any consulting Party and by a two-thirds vote，convene an arbitral panel to consider the matter where the alleged persistent pattern of failure by the Party complained against to effectively enforce its environmental law relates to a situation involving workplaces，firms，companies or sectors that produce goods or provide services:

（a）traded between the territories of the Parties；or

（b）that compete，in the territory of the Party complained against，with goods or services produced or provided by persons of another Party.”

## 6.4　自由贸易协定中环境争端解决案例分析

### 6.4.1　《美国—韩国自由贸易协定》

韩国在韩美自由贸易协定中对环境问题有很多承诺。该协议中第20.9条（环境协商和专家程序）规定了与争端解决有关的内容。除了第20.9条以外，协议中关于缔约方为环境争议的利害关系人提供救济的规定，也是争议解决的重要部分。现分述如下：

1）确保利害关系人有获得救济的程序

《美国—韩国自由贸易协定》第20.4条规定：

1. 每一缔约方应确保利害关系人可以请求缔约方的有关当局调查违反环境法的情况，并应该根据其法律，适当考虑这样的请求。

2. 每一缔约方应保证其法律通过司法、准司法或行政程序对违反环境法进行制裁或提供救济，并且根据其法律，在某一具体事项上有利害关系的人可以利用这类程序。

（a）每一缔约方必须确保，根据其法律，这类程序是公平、公正和透明的，并符合正当程序；并对公众公开，除非审理程序另有规定。

（b）每一缔约方应确保这类程序中的审议机构是中立的和独立的，对审议的结果没有重大利益。

3. 每一缔约方应该对在某一具体事项上有利害关系的人提供寻求对违反环境法进行制裁或救济的有效渠道，或者为寻求对违反与健康或环境相关的职责进行制裁或救济，利害关系人的权利包括：

（a）对加害方进行起诉，要求损害赔偿；

（b）寻求对加害方颁布禁令，以对利害关系人遭受的、可能遭受的损失、损害或伤害进行救济；

（c）要求这些制裁或救济方式，如罚款、紧急关闭、暂停或减轻损害结果；

（d）要求有关机关强制实施其环境法，避免环境损害，或者由裁决机构做出这样的判决。

4. 每一方应该对违反环境法提供适当的和有效的制裁和救济：

（a）适当地考虑违反环境法的行为的性质和严重程度，违法者从中所获取的经济利益，违法者的经济条件和其他相关因素；

（b）制裁和裁决可以包括行政的、民事的和刑事的，如守约协议、惩罚、罚款、监禁、禁令、关闭设施、要求采取救济行为或对环境损害支付赔偿，包括清理污染的费用等。

这一条中的“利害关系人”可以是自然人，也可以是法人。根据这一条的规定，受害人因环境问题受到损失或损害，必须有救济渠道。救济方式可以是行政救济，也可以是司法或者准司法，如仲裁。根据这一条的规定，一个美国的利害关系人（或企业）有权到韩国诉讼或投诉韩国的环境违法者，而韩国必须有机构受理这样的诉讼或投诉，并且公平、公开、公正地给予处理。这一条的内容可以细分为以下几点：

①提供救济机构：不能出现告状无门的情况；

②对救济程序有规定：以公平、公开、公正为原则；

③对救济方式有要求：如签订守约协议、惩罚、罚款、监禁、禁令、关闭设施、要求采取救济行为或对环境损害支付赔偿，包括清理污染的费用等。这里的某些救济方式，如守约协议（Compliance Agreement）是我们的司法制度中没有的。

④对裁量的自由有限制：如要求考虑违反环境法的行为的性质和严重程度，违法者从中所获取的经济利益，违法者的经济条件和其他相关因素。据笔者了解，其中违法者从违法行为中所获取的经济利益及违法者的经济条件这两点，我国环境法并没有要求予以考虑。如我国的行政罚款制度，通常规定某类性质的违法行为罚款若干，而不考虑被罚款的企业是大或小，赢利多或少等。

2）缔约方之间的争端解决程序（第 20.9 条）

①磋商：从一方提出书面磋商请求后“迅速地（promptly）”开始，应该在 60 天内解决纠纷。

②理事会程序：必须先协商，如果协商不成，还必须经过双方建立的环境理事会调解，仍然不能解决的，才能提交自由贸易协定下的争端解决程序，包括提交争端解决小组。理事会程序为提交专家组之前置程序。

③专家组程序：适用于解决与环境协议的履行相关的争议（第 20.9.6 条）或者，同时涉及环境章节的规定及环境协议的争议。与《中国—瑞士自由贸易协定》不同，《美国—韩国自由贸易协定》在附件 A 中明确地列举了双方同意共同实施的多边环境协议的范围，共七个。

### 6.4.2 欧盟自由贸易协定

1）《欧盟—韩国自由贸易协定》（2007）[①]

该协议书于 2011 年生效。协议第 13 章是“贸易与可持续发展”，规定了大量环境问题。该章第 13.16 条规定，该章下的争议仅可通过第 13.14 条和第 13.15 条解决。

（1）第 13.14 条　政府间协商

①第 13.14.1 条：政府间协商可经一方提出书面请求后开始。

---

① FREE TRADE AGREEMENT between the European Union and its Member States，of the one part，and the Republic of Korea，of the other part．朝鲜共和国也就是我们常说的韩国。

②第 13.14.3 条：如果一方认为事情需要进一步讨论，则可以请求双方之间的贸易与可持续发展委员会召开会议讨论。

（2）专家组程序

如果经过 90 天的协商，仍不能解决纠纷，则可以成立专家组解决。专家组应该在成立后 90 天内提交报告。

2）《欧盟—南非贸易、发展及合作协议》（1999）

《欧盟—南非贸易、发展及合作协议》第 VII 章[①]第 84 条专门规定了环境合作问题，但环境问题在其他多个条款中也有规定，如第 55 条“贸易发展”和第 58 条“采矿和矿产”。在争端解决方面，该协议并没有对环境争议做专门的规定。

协议第 104 条规定，争端应首先提交合作理事会解决，如果合作理事会未能解决，则成立仲裁庭，通过仲裁解决。

### 6.4.3 APEC 贸易与环境章节

亚太经济合作组织（APEC）鉴于自贸易区协议和区域性贸易协议对贸易和可持续发展的贡献，起草了 RTAs/FTAs 范本供各国参考。在 APEC 的贸易与环境章节中，有国家提出了一个环境争议的争端解决方案。主要有如下内容：

①协商（第 5 条）：经一方书面请求，协商应尽快开始。

②专家组（第 6 条）：如果双方通过协商，不能达成相互满意的解决方案（mutually satisfactory resolution），则争议就可以提交特殊的争端解决程序，即通过环境专家（Environment Roster or Panel of Experts）解决纠纷。该条强调环境专家的指定应该经各方同意，具有专业知识并且以个人名义独立裁决纠纷。

可能有人不喜欢“相互满意的解决”这样的措辞，如果对这样的措辞不满意，也可以将该条款的表述修改为“如果通过协商仍未解决争议，则可以将有关的争议诉诸特殊的争端解决程序。”或者，也可以将“相互满意的解决”修改为“相互可以接受的解决”（resolution acceptable mutually）。不过，无论哪种修改，都与原文没有重大差别。因为对于协商的结果，只有参与协商的双方有权判断其是否可以接受或令人满意。而任何一方在做这种判断时，都会理智地考虑如果不接受协商的结果，还可能有什么救济途径，通过其他的救济途径是否可能获得更好的解决结果，以及不接受协商的结果对双方关系可能产生的影响等。不论是哪种措辞，如果一方不满协商的结果，另一方都无法实质性地阻止专家组程序的启动，除非在双方的协议中，根本没有专家组程序。

与美国的自由贸易协定中的环境争端解决方式相比，现在向 APEC 提议的环境争端解

① 原文是“Title VII”。

决方式比较软，体现在①专家解决争端，司法性不强；②对于专家的决议，没有规定如何履行问题，仅具有建议性。

通过上述分析可以发现，美国和欧盟都非常强调为争议设立司法，至少是准司法的争议解决机制。非但如此，美国和欧盟的自贸区协定还非常重视争端解决机构所做决定的履行。美国比欧盟更加重视协定的履行，一些协定甚至规定了对缔约方的惩罚。

## 6.5 环境争端的场所选择和法律适用

现在很多多边和双边贸易协议中都对环境问题进行了规定，并设立了争端解决方式，而环境公约中对于条约实施中产生的争议，也通常提供了争端解决方式。这些协议间既可能产生场所冲突，即一个争端可以被一个以上的争端解决机制受理，也可能产生规则冲突。

### 6.5.1 争端的管辖场所

一个涉及环境和贸易问题的争议，在什么场所（Forum）解决，会直接影响法律适用。对于自由贸易区下的环境争端，最多可能存在三个争端解决场所：自由贸易区下的争端解决机制、WTO 的争端解决机制和多边环境条约下的争端解决机制。对于一个具体的环境争端，这三个场所很少同时存在，但同时存在两个场所的情况很常见。除非有对双方当事人均有拘束力的场所选择限制，否则，我们无法禁止当事人进行场所选择（Forum Shopping）。[①] 简单地说，律师会比较在哪个场所解决纠纷对自己更有利，就去哪个场所。这里没有绝对的标准。

#### 6.5.1.1 自由贸易协定下的争端解决机制和 WTO 争端解决机制

在《北美自由贸易区协议》（NAFTA）刚签订的年代，缔约方曾经想把自由贸易协定下的贸易纠纷（包括与环境有关的贸易纠纷）的解决限制在自由贸易区内，但后来发现，即使自由贸易协定规定协议下的纠纷应该利用自由贸易区的争端解决机制解决，但是，当一个争议出现后，如果缔约方认为，有关的争议提交 WTO 后会得到更好的解决结果，缔约方仍然会把争议提交 WTO 解决，而 WTO 的争端解决机制也会受理（如果符合受理条件）。典型的如墨西哥诉美国的进口和销售金枪鱼的措施案[②]和美国诉墨西哥的饮料税案[③]，这两个案件虽然也可以在北美自由贸易协定框架下解决，但实际上都是在 WTO 内解决的。所以，近几年签订的自由贸易协定，一般都规定，缔约方可以选择将争议提交自由贸易区

① 边永民：含贸易措施的多边环境条约与 WTO 协议的协调，当代法学，2010 年第 1 期，第 157-158 页。

② Mexico v. US Measures concerning the Importation，Marketing and Sale of Tuna（DS381，2011）。

③ US v. Mexico Taxes on Soft Drinks（DS308，2006）。

下的争端解决机制，或者提交 WTO，但这种选择是终局性的。[①] 也就是说，不能先选择在某个场所解决争议，等发现解决的结果对自己不利时，再选择到另外的一个场所解决争议。

但上述场所选择（Forum Shopping）只适用于两个场所对争议都有管辖权的情况。某些环境纠纷，缔约方已经同意不能提交 WTO 的争端解决机制，而只用自贸区自己的争端解决机制。对于这类环境争议，就不再有自由贸易协定下的争端解决机制和 WTO 争端解决机制之间的选择问题，但仍然可能存在下面所述的场所选择。

### 6.5.1.2 自由贸易协定下的争端解决机制和多边环境协定下的争端解决机制

自由贸易协定的环境章节一般都有缔约方在履行多边环境协定上进行合作的规定[②]。在这方面发生争议时，通常按照环境章节规定的独立于贸易争议的机制进行解决，例如在《中国—瑞士自由贸易协定》下，可以通过专家组解决。

但是，由于自由贸易协定的缔约方同时还是多边环境协定的缔约方，而多边环境协定往往也有自己的争端解决机制，如《联合国海洋法公约》下设海洋法法庭，这就可能出现自由贸易协定下的争端解决机制和多边环境协定下的争端解决机制对争议都可以适用的情况。这种情况下的场所解决并无良策。几年前出现过的欧共体和智利之间的剑鱼案，欧共体将争议诉至 WTO[③]，而智利则将争议诉至联合国海洋法法庭[④]，最后欧共体主动出来请求和解，算是了结了这一桩纠纷。类似的情况也可能发生在自由贸易协定下，而且这种一个案件，被两个争议解决场所先后受理的情况，在现行的国际法中并没有根本性的解决规则。[⑤] 不过这一点我们也不必过分担心，因为中国签订的自由贸易协定，都没有很强的司法性争议解决机制，最多就是同意起用专家组程序或仲裁。即使是仲裁，也没有自贸区下的常设仲裁机构，所以，在中国签订的自由贸易协定下，虽有争议解决方式，但并没有一个常设的争议受理机构，没有场所，所以不容易发生场所选择的问题。另外，虽无常设场所，但仍然有争端解决机制，所以也无法根本避免管辖权的冲突。

---

① 如《中国—瑞士自由贸易区协定》第 15.1 条规定：“如缔约一方根据世界贸易组织《关于争端解决规则与程序的谅解》第 6 条提出设立专家组的请求，则视为启动了《世界贸易组织协定》项下的争端解决程序；如缔约一方根据本协定第 15.4 条第一款提出仲裁请求，则视为启动了本协定项下的争端解决程序。”

② 如《中国—瑞士自由贸易区协定》第 12.5 条规定：“缔约双方重申了以环境政策合作为手段以促进本章实施，并根据国家的环境政策目标和各自均为成员的多边环境协定中的义务，进一步提升环境保护水平的重要性。”

③ Chile—Measures affecting the Transit and Importing of Swordfish，WT/DS193，2007.

④ International Tribunal for the Law of the Sea，Case concerning the Conservation and Sustainable Exploitation of Swordfish Stocks in the South-Eastern Pacific Ocean（Chile/European Union），case No. 7，http://www.itlos.org/index.php?id=99.

⑤ 边永民，含贸易措施的多边环境条约与 WTO 协议的协调，当代法学，2010 年第 1 期，第 158 页。

### 6.5.2 法律适用

如果与案件有关的各项规定可以同时适用，当然当事方会主张对自己有利的规则。但有时裁决争端的机构会限制自己的法律适用，WTO 争端解决机构就是非常典型的例子。根据 WTO《争端解决的谅解备忘录》，WTO 的争端解决机构在裁决争议时，只能适用"covered agreements"，即 WTO 的各协议，不包括多边环境协定①。而多边环境协定下的争端解决机构，如联合国海洋法法庭在审理案件时，也不会适用 WTO 协议。这是导致当事国进行争议场所选择的重要原因之一。

### 6.5.3 个人诉讼与国家争端解决机制之间的相互关系

自由贸易协定是在国家之间签订的，国家是权利和义务的主体，个人一般不能直接根据自由贸易协定诉讼国家。如果个人或企业认为，自由贸易协定的缔约方没有认真履行协议，从而使自己遭受了损失，理论上有三种争议解决方式：

①他可以向自己的本国投诉，请其国籍国以国家的名义，通过自由贸易区下的争端解决机制，或 WTO 的争端解决机制解决纠纷；

②他可以到对方国家，以自己的名义，通过对方国家的法院解决纠纷；如中国德华集团诉美国对中国出口硬木及装饰胶合板双反案，中国企业在美胜诉；

③他也可以在自己的国家，以自己的名义，向本国法院投诉，通常是诉讼对方国家中直接造成自己损害的实体，如美国能源转换公司（Energy Conversion Devices）在 2013 年在美国诉讼中国的尚德太阳能电力有限公司、天合光能有限公司和英利绿色能源控股有限公司向美国倾销产品。

严格来说，只有第（1）种是自贸区下面的争端解决方式，（2）和（3）能否实现，还要看各国国内的司法体系，这些诉讼有的是行政诉讼，有的是民事诉讼，很难通过自由贸易协定去"排除"这些诉讼的发生。

---

① 边永民，含贸易措施的多边环境条约与 WTO 协议的协调，当代法学，2010 年第 1 期，第 155-156 页。

# 7 自由贸易协定环境影响评价

贸易活动对于环境的影响已为人所熟知，借助对自由贸易协定进行环境影响评价，可以了解自由贸易协定签署后因贸易量的增长对环境产生的负面影响及风险，从而制定相应的对策和措施来降低或避免该种负面影响及风险，因而对自由贸易协定进行政策环境影响评价越来越成为自由贸易协定中的一项关键议题。

目前，对自由贸易协定的环境影响进行评价的名称多种多样，如：环境评价（Environmental Assessment）、环境评估（Environmental Review）、国家利益分析（National Interests Analysis）以及可持续性影响评价（Sustainability Impact Assessment）等。尽管各种名称不一样，流程和使用的方法也不尽相同，但是其实质均是评估自由贸易协定签署后可能产生的和产生的各方面影响，因此本章题目仍采用自由贸易协定环境影响评价。

## 7.1 自由贸易协定环境影响评价总体情况及特点

对于自由贸易协定环境影响进行评价的重要性已经被广泛认同，但是由于不同的国家处于不同的发展阶段，因而对自由贸易协定环境影响评价所持态度有所不同。目前统计的30个含有环境章节的自由贸易协定中，有10个自由贸易协定规定了进行环境（可持续性）影响评价。

表7-1 自由贸易协定中的环境影响评价条款

| | 自由贸易协定 | 环境影响评价条款位置 | 条款中的评价方法 |
|---|---|---|---|
| 1 | 韩国—秘鲁自由贸易协定 | 条款 19.3 环境影响评价 | 环境评价 |
| 2 | 韩国—土耳其自由贸易协定 | 条款 5.10 合作 | 可持续性影响评价 |
| 3 | 加拿大—欧盟自由贸易协定 | 条款 X.12 环境问题合作 | 影响评价 |
| 4 | 加拿大—约旦自由贸易协定 | 条款 10-2 环境协定 | 战略环境评价 |
| 5 | 美国—巴拿马自由贸易协定 | 附件 17.10 环境合作 | 环境评价 |
| 6 | 美国—中美洲—多米尼加自由贸易协定 | 附件 17.9 环境合作 | 环境评价 |
| 7 | 欧盟—哥伦比亚和秘鲁自由贸易协定 | 条款 279 可持续性影响评价 | 可持续性影响评价 |
| 8 | 欧盟—韩国自由贸易协定 | 条款 13.10 可持续性影响评价 | 可持续性影响评价 |

| | 自由贸易协定 | 环境影响评价条款位置 | 条款中的评价方法 |
|---|---|---|---|
| 9 | 欧盟—新加坡自由贸易协定 | 条款 13.14 可持续发展影响评估 | 可持续性影响评价 |
| 10 | 中国台北—尼加拉瓜自由贸易协定 | 工作计划及合作优先领域 | 环境评价 |

资料来源：作者根据 WTO 网站信息整理。

值得一提的是，美国、加拿大尽管在其签署的多个自由贸易协定环境章节中未提及环境影响评价，但是由于其国内法案的要求，两国均在谈判时对自由贸易协定的环境影响进行过评估。另外，新西兰也对其与泰国签署的《更紧密经济伙伴协定》（NZTCEP）开展过国家利益分析（NIA）。

从上述统计结果来看，自由贸易协定环境影响评价主要具有如下几个特点：

一是，发达国家或地区对环境影响评价条款态度较为积极。

从统计结果来看，囊括环境影响评价条款的自由贸易协定主要以美国、加拿大以及欧盟签署的为主，在欧盟和美国的影响下，韩国在自由贸易协定环境影响评价方面也表现得比较积极，但几乎未见发展中国家之间签订的自由贸易协定中包含环境影响评价条款。形成上述特点的主要原因是一些发展中国家由于持有自由贸易协定环境影响评价方法复杂、评价结果可靠性不强且耗时耗力等观点，对开展自由贸易协定环境影响评价持消极态度，甚至有一些发展中国家怀疑开展自由贸易协定环境影响评价的目的，认为是美欧等为了消除国内团体，如非政府组织（NGO）等的担忧而进行环境影响评价，因而对自由贸易协定的环境影响评价持保留态度。简而言之，要么缺乏能力或合适的方法，要么缺乏意愿，发展中国家较少对自由贸易协定开展环境影响评价。

二是，一些国家对自由贸易协定不光进行事前（Ex-ante）环评，也进行事后（Ex-post）环评。

从已签署的自由贸易协定来看，环境影响评价条款主要针对自由贸易协定的签署和实施进行环境影响评价和回顾，既可开展事前环评，也可开展事后环评。例如，在欧盟和韩国签署的自由贸易协定中第 13.10 条款规定“双方承诺评估、监督和评价本协定的实施对可持续发展的影响……”另外，美国、加拿大、欧盟等对于环境条款的实施情况也开展过评估工作。例如，美国政府问责办公室（GAO）对于美国—约旦、美国—新加坡、美国—智利以及美国—摩洛哥自由贸易协定的实施情况进行了评估，指出相关自由贸易协定环境条款中的计划项目已经得以实施，约旦建立了环境部，新加坡修订了国家濒危物种法案以及摩洛哥建立了新的环境保护法律框架等。另外北美环境委员会也对北美环境合作协定的实施情况进行了事后评估。

此外，美、加等国即使在自由贸易协定条款中未涉及环境影响评价，但根据其国内法案要求，也要在自由贸易协定谈判的同时进行环境影响评估。

美国在 13141 号指令中就对贸易谈判中将环境因素纳入其考虑范围进行了制度化安

排，指出“对贸易协定进行评估”（1999 年 11 月），同时还制定了实施 13141 号指令的指导方针（2000 年），2002 年《贸易法案》更进一步要求美国总统对未来的贸易和投资协定开展环境影响评价，并将评价结果报告众议院筹款委员会以及参议院财政委员会。因此美国在进行贸易协定谈判时，均同时对该协定签署对环境的影响进行事前评估，撰写谈判中期和终期评估报告，如表 7-2 所示。

**表 7-2　美国进行环境影响评估的自由贸易协定**

| 自由贸易协定 | 中期评估 | 终期评估 |
|---|---|---|
| 美国—澳大利亚 | √ | √ |
| 美国—巴林 | √ | √ |
| 美国—中美洲—多米尼加 | √ | √ |
| 美国—智利 | | √ |
| 美国—哥伦比亚 | √ | √ |
| 美国—约旦 | | √ |
| 美国—韩国 | √ | √ |
| 美国—摩洛哥 | √ | √ |
| 美国—阿曼 | √ | √ |
| 美国—巴拿马 | √ | √ |
| 美国—秘鲁 | √ | √ |
| 美国—新加坡 | | √ |
| 美国—泰国 | √ | |
| 跨太平洋伙伴关系（TPP） | √ | |
| 美国—阿联酋 | √ | |

资料来源：作者根据美国贸易代表办公室网站信息整理。

与美国相类似，加拿大对贸易协定进行环境影响评价主要来自两个文件的授权：1999 年颁布的《关于政策、规划以及计划实施项目的环境影响评价内阁指令》（*Cabinet Directive on the Environmental Assessment of Policy，Plan and Program Proposals*）和 2001 年颁布的《开展贸易谈判环境影响评价的框架》（*Framework for conducting Environmental Assessment of Trade Negotiations*）。加拿大认为开展贸易协定的事前环评是制定可持续发展政策的一项重要的工具，在开展贸易谈判时进行环境影响评价，一方面可以找出贸易协定的签署可能带来的风险，并在进行协定谈判时找出可能的解决方法和政策（如加强缔约双方间的环境合作等）；另一方面，通过环境影响评价的公众参与环节将不同层级的政府、公众、私人部门以及非政府组织聚在一起进行讨论，使得决策更加公开透明。除此之外，由于环评时各方进行了充分讨论，使得决策制定者更能相互了解各自政策可能对环境产生的影响，从而确保了政策制定与环境保护相协调。

三是，环境影响评价方法日趋成熟，但评价内容不尽相同。

发达国家在自由贸易协定环境影响评价领域耕耘多年，如联合国环境规划署（UNEP）、OECD、美国、加拿大、欧盟以及新西兰等均形成了相对完善的评价方法。由于美国、加拿大、欧盟、新西兰已开展多年的自由贸易协定环境影响评价实践，因而其发展出来的方法在世界范围内也相对具有代表性。

其中，北美的美国和加拿大由于国内法案要求而进行战略环境影响评价；新西兰则是要求对新贸易或投资协定进行国家利益分析，国家利益包括了诸如经济、社会、文化、财政以及环境等方面的内容，要求分析签署的协定实施或不实施对新西兰国家利益所带来的影响；欧盟则要求对所有的贸易谈判进行可持续性影响评价，对可持续的三个支柱：经济、社会和环境进行影响评价。

总体来看，新西兰的国家利益分析中对环境的分析与北美的美国和加拿大的战略环境影响评价方法较为类似，而欧盟的可持续性影响评价则存在本质上的不同。

四是，各国实施自由贸易协定环评的机构不尽相同。

各个国家由于贸易协定谈判牵头部门不同、国内行政体制不同以及对于环评认识角度不同，导致实施自由贸易协定环评的机构也不尽相同。

美国根据总统 13141 指令第三部分（Sec.3）指出“a．实施。由美国贸易代表办公室和环境质量委员会主席监督本指令的执行情况……b．开展环境评价。美国贸易代表办公室通过跨部门机构——贸易政策工作委员会（Trade Policy Staff Committee，TPSC）对本指令下第四部分（Sec.4）指出的协定进行环境评估。”根据该指令，美国对贸易协定进行环境影响评估是由政府部门实施。

加拿大对自由贸易协定进行环境评价的授权来自《关于政策、规划以及计划实施项目的环境影响评价内阁指令》和《开展贸易谈判环境影响评价的框架》，前者对于实施政策、规划以及计划实施项目环境影响评价的程序、方法以及实施机构做了概括性规定，而后者则对自由贸易协定环境评价进行了细化。《开展贸易谈判环境影响评价的框架》指出，为实施贸易协定的环境评价，加拿大需建立环境评价委员会（Environmental Assessment Committees）。环境评价委员会人员的构成根据评价的贸易协定的不同，将会有所不同。一般而言，环境评价委员会通过加拿大外交与国际贸易部的协调，会同加拿大联邦相关部门和机构的代表进行环境评价，通常加拿大环境部（Environment Canada）以及加拿大环境评估局（Canadian Environmental Assessment Agency）都会派代表到环境委员会参加对贸易协定的环境评价。在必要的时候，加拿大环境评价委员会也会挑选一些独立的研究机构开展一些必要的分析。

与美国和加拿大不同，欧盟则是聘请外部专家来进行可持续性影响评价，然后由欧盟委员会和成员国通过正式意见书对评价提出的后续措施等进行反馈。通常协定谈判各方的利益相关者意见均会被吸纳到最终的可持续性影响评价报告之中。

## 7.2 开展自由贸易协定环境影响评价的意义

尽管自由贸易协定环境影响评价在发展中国家实践中仍未铺开，但是在协定谈判和实施后开展环评的好处是不言而喻的：首先，实施环境影响评价，能够提高缔约方在国家层面的政策整体一致性，并帮助决策者理解相关贸易政策在环境上的影响，从而为解决相关环境问题提供有效途径；其次，由于环境影响评价能够识别协定最可能引起或最显著的环境影响，因而谈判方能够在谈判的早期阶段对相关问题采取正确的应对措施；再次，通过环评能够将识别出来的重大环境影响信息及时提供给政府相关政策制定者，以便将环境保护政策、贸易政策等进行总体融合设计；最后，环境影响评价还能够为未来的谈判提供反馈信息。具体来看，开展自由贸易协定环境影响评价能起到以下作用：

一是，增强协定双方了解。所有的环境影响评价实践均包含大量的信息收集工作，而这些信息也不仅限于该贸易谈判中所使用的经济及贸易类指标。尽管大部分评估工作主要集中在对本国的环境影响评估（欧盟的可持续性影响评价除外，因为该评价涉及对协定双方的环境影响评估），但环境影响评价中同样包含大量相关的贸易和经济信息，包括协定另一方的自然环境、社会以及经济方面的信息。尤其值得一提的是，这些信息能够帮助谈判者更好地了解贸易双方在谈判中的地位（如环境影响评价能够揭示特殊领域的重大环境影响），或者帮助协定双方更好地设计未来的环境合作框架及项目。

二是，分析协定可能带来的环境影响及风险，提供增强或减缓环境影响的对策措施。相对搜集相关经济和社会信息而言，环境影响评价更注重协定的签署对环境本身可能会带来的影响和风险。通过分析自由贸易协定签署可能带来贸易量及贸易结构的改变进而对环境产生的压力以及自由贸易协定签署带来相关贸易政策的调整进而对环境产生的影响等，找出自由贸易协定的签署可能带来的环境风险，从而在谈判时通过提前制定相应的对策或承诺实施相关环境合作项目来降低环境风险，或是在贸易协定实施后，通过对实施情况的评价，找出还存在的问题，进而对现行政策进行进一步调整，以减轻对环境的负面影响。

三是，一定程度上影响谈判进程。事实上，相对环评的其他作用，公众更为关心的是通过对自由贸易协定的环境影响评价是否影响了自由贸易协定的谈判进程，包括谈判双方的地位、谈判最终达成的文本以及是否有应对环境影响的相应措施等。然而，事实上环评对谈判地位和最终文本的影响微乎其微，从美国与加拿大贸易谈判的例子中即可见一斑，同样在欧盟签署自由贸易协定的实践中，可持续性影响评价也仅对极少数国家产生了显著影响，而这些影响事实上也并非由于环境问题产生。尽管如此，环评在自由贸易协定谈判过程中也并非没有发挥任何作用。例如，在环境管理能力建设或针对环境管理能力问题上的深化合作等以及在前瞻性政策的制定等方面有大量事例表明，环评产生了重要的推动作用。更深层次的影响在于，通过环评，能够帮助缔约方设计环境合作框架或推动与贸易相关的环境能力建设工作。例如，美国与智利的环境合作协定第8条列明了环境影响评价工作计划；加拿大在针对其与新加坡签署的自由贸易协定所进行的环境影响评价中明确指出双方在濒危动植物非法交易上的合作符合其环境合作协议的规定；欧盟对其与海合会签署的贸易协定进行的关键战略影响评价，促使其加强对提高外国直接投资门槛问题的关注。

四是，增强环境部门与贸易部门之间的联系。自由贸易协定属于经济领域的协定，在环境影响评价实施之前，贸易谈判代表和政策制定者并未将相关的环境影响视为他们所应关注的内容，而且也极少有经济部门官员认为其需要与本国的环境官员进行互动。然而，由于自由贸易协定环境影响评价的开展，必定会将环境官员纳入其中，因而为传统的自由贸易协定谈判带来了一个范式的转换。目前，越来越多的贸易官员开始认同在贸易谈判中对环境影响关注的必要性，甚至在某些情况下，他们还会向环境官员提出他们认为需要关注的某些环境问题。实现这一改变的一个关键先决条件是贸易部门顶层对贸易的环境影响的认可。同时，考虑到环境影响评价也涉及缔约另一方，因而一方对环境影响进行评价同样也会对谈判的另一方产生影响。这些改变也使得环境官员重要性与日俱增。

五是，加强公众参与。不言而喻，在自由贸易协定谈判中加入环境影响评价会增强公众对贸易政策制定的参与度。目前主流的环境影响评价（包括欧盟的可持续性影响评价）从最初指标筛选到最后得出评价结果，每一个步骤均有公众参与环节，接受公众意见。这些环节为那些对贸易政策很难产生影响的公众提供了发声的平台，同时也能增加公众对贸易和环境相互关系的理解。目前来看，通过公众参与环境影响评价对贸易协定起到的正面作用有以下三个方面：首先，能够从更大范围内搜集到相关专家的意见和建议；其次，能保证将尽可能多的相关议题呈现给评估者进行考虑（如美国—安第斯区域贸易协定谈判中关于候鸟迁徙问题便是由公众参与环节提出的）；最后，公众参与能为最终制定贸易政策的合法性和合理性提供支撑。

## 7.3 自由贸易协定环境影响评价发展历程

通过梳理和回顾自由贸易协定环境影响评价发展过程，大致上可分为三个阶段：

（1）启动阶段（1991—1994年）

自由贸易协定环境影响评价在个别发达国家自发进行，并逐渐引起国际组织的关注。1991年，美国首先对当时即将签订的《北美自由贸易协议》进行了环境影响评价，这是自由贸易协定环境影响评价的发端。之后，《北美自由贸易协议》的另外两个成员国——加拿大、墨西哥也对该协议进行了环境影响评价。1993 年，经济合作与发展组织（OECD）建议其成员国政府对环境影响较大的贸易协议进行环境影响评价，并于 1994 年编制了《环境与贸易评价方法》。《环境与贸易评价方法》的编制是自由贸易协定环境影响评价发展的一个新起点，对之后的自由贸易协定环境影响评价实践起到了指导作用。

（2）初步发展阶段（1994—2000 年）

在该阶段，自由贸易协定环境影响评价受到更多国际组织的关注，在发达国家普遍开展，并向发展中国家扩展。OECD 在编制《环境与贸易评价方法》之后，又开展了一系列的研究和评价工作：1995 年 OECD 组织了一项贸易自由化和交通部门运行机制改革的环境影响评价项目；1995 年 5 月至 1998 年 5 月在 OECD 多边贸易投资协议形成的同时，对该协议进行了环境影响评价。1999 年 10 月，OECD 组织召开了“贸易自由化协议”环境影响评价方法研讨会，总结了以往贸易政策环境影响评价的经验，并就自由贸易协定环境影响评价的方法、评价结果的应用、未来的发展等问题进行了探讨。

UNEP 在 1995 年组织召开了贸易政策环境影响评价专题讨论会，总结了已有的经验，并提出了今后的发展意见；之后，于 1998 年至 1999 年在发展中国家组织开展了 6 个贸易政策环境影响评价项目，分别针对孟加拉的虾养殖业、智利的矿业、印度的汽车行业、菲律宾的林业、罗马尼亚的水资源研究、乌干达的渔业进行影响评价。这批项目的实施，使贸易政策环境影响评价工作得以在发展中国家开展。

除了 OECD 和 UNEP 外，其他国际组织，如可持续发展委员会（CSD）、联合国贸易与发展会议（UNCTAD）、世界自然基金会（WWF）等也对贸易政策环境影响评价给予了不同程度的关注。国际组织的关注，进一步促进了贸易政策环境影响评价在世界范围内，特别是北美和欧洲等发达国家的开展。美国、加拿大分别于 1994 年对 WTO 乌拉圭回合协议进行了环境影响评价。2000 年，美国对其与约旦签署的贸易自由化协议进行了环境影响评价。欧盟开展了千年回合多边贸易谈判对可持续发展的影响评价。1998 年 2 月，挪威有关机构组织了贸易协议与政策环境影响评价国际研讨会。

（3）全面发展阶段（2000 年以后）

在该阶段，评价的重点向经济、环境、社会等对可持续发展有影响的方面转变，评价方法初步系统化，发展中国家的评价和研究工作越来越多。2000 年，UNEP 在阿根廷、中国等六个发展中国家开展了贸易政策综合评价项目，以辨析自由贸易对环境、社会和经济的综合影响。同时，UNEP 编制了《贸易政策综合评价手册》，对贸易政策综合评价的方法进行了系统的阐述。更进一步地，欧盟正在积极推进贸易政策的可持续发展影响评价，包括贸易政策对经济、环境、社会等对可持续发展有影响的各个方面的影响评价。对贸易政策影响进行可持续发展影响评价能够更加综合、全面地反映出贸易政策的影响力，更有助于进行综合决策。

从已取得的成果来看，自由贸易协定环境影响评价的基本框架已形成，评价的方法已经初步系统化，但仍有待于进一步发展。国际上，特别是北美和欧洲一些发达国家自由贸易协定环境影响评价开展得比较早，进展较快，而发展中国家还处于起步阶段。

## 7.4 自由贸易协定环境影响评价的主要方法体系

自由贸易协定环境影响评价是在贸易对环境影响研究的基础上发展出来的。国际社会于 20 世纪 90 代初已经开始了自由贸易协定环境影响综合评价的探索和研究，1991 年美国对北美自由贸易协定的环境影响评价，被视为自由贸易协定环境影响评价的开端。之后无论在理论上还是方法学上均取得了一定发展，一些国家和地区也陆续开展了贸易协定环境影响评价的实践。理论研究方面主要以模型模拟为主，如 Grossman 和 Krueger（1993）等的研究。从实践来看，主要包括：《联合国环境规划署贸易政策综合评价手册》、OECD 对援助项目的战略环境评价（SEA）方法、新西兰的国家利益分析（NIA）方法、《战略环境评价——加拿大 1999 年内阁政策、计划和方案建议环评指令》、《加拿大对北美自由贸易协定的环境评价》、《贸易协定环境评价——实施美国总统 13141 号命令的指导方针》以及欧盟可持续性影响评价（SIA）方法等。

联合国环境规划署在乌拉圭回合后组织有关专家制定了《与贸易有关政策的综合评价参考手册》，该手册所提出的评价方法，成为以后贸易谈判可持续性影响评价的基础。而 OECD 则从其对发展中国家发展援助提供支持的目标出发，开展了对援助项目的战略环境评价（SEA）的方法学研究，并起草了 OECD 的 SEA 导则。新西兰则受议会指令的要求，对其谈判的每一项协定均要开展国家利益分析（NIA）。国家利益分析会涉及诸多方面——经济、社会、文化以及环境等，要求评估新西兰加入或不加入这些协定所带来的影响。对于自由贸易协定的环境影响，新西兰使用的仍是标准的经济模型，其步骤大致分为三步：首先分析自由贸易协定签署所带来的经济领域的变化或产生的波动，如贸易量、管理手段以及产品效应等；其次分析这些经济变化或波动带来的环境影响；最后分析现有的政策框架是否能很好地应对这些环境影响。

由于美国、加拿大及欧盟缔约的自由贸易协定的环评实践较多，接下来，本研究重点介绍这三者的自由贸易协定环境和可持续性影响评价方法。

### 7.4.1 美国——环境评价（ER）

根据美国总统 13141 号指令中的《贸易协定的环境评价》，环境质量委员会和美国贸易代表处制定了开展贸易协定环境评价的指导方针。

该指导方针的目的是执行总统 13141 号指令，以保证充分考虑贸易协定所带来的正面和负面环境影响，以及明确贸易与环境目标之间的互补性。该命令和指导方针的重点是评价主要贸易协定的环境影响程序，要求对三种贸易协定根据其潜在的重大环境影响进行环境评价。这三种协定分别是：全面的多边贸易谈判回合、双边或三边以上的自由贸易协定以及重要的自然资源部门贸易自由化协定。

根据该指导方针，进行环境评价的具体流程如下：

（1）启动环境评价程序（Initiation of the ER process）

该过程发生在贸易协定谈判开始阶段。在将一项贸易协定纳入谈判考虑时，美国贸易代表办公室将通过贸易政策工作委员会搜集签署该协定引起的商业和贸易改变所带来的相关环境影响信息。该过程的完成将伴随着持续地与国会、公众以及咨询委员会相协商，一般情况而言，联邦在启动阶段将刊登公告（Federal Register Notices）反馈与该协定相关的公众环境评论。同时该阶段也要为撰写环评报告做好准备。

（2）决定环境评价范围（Determining the Scope of the ER）

该阶段将决定哪些环境问题（Environmental Issues）将纳入到最终环评报告之中，哪些环境问题将被排除在外。并且该过程也将通过联邦公告（Federal Register Notices）的形式征求公众意见，从而确保所考虑的环境问题尽可能多地反映利益相关者的诉求。

（3）环境评价的分析内容（Analytical Content of the Review）

由于贸易协定的签署将引发各种各样的改变，因此针对不同类型的贸易协定将采用不同的方法组合来进行环境评价。通常来讲该过程的分析包括：协定可能带来的环境法律法规的影响、基于经济驱动的环境影响、寻求解决环境影响的办法。

（4）公众参与（Public Participation）

公众参与是环境评价不可或缺的一部分，应通过各种渠道向公众提供环境评价的信息，以便公众能够方便接触并反馈。同时，对于环境评价应提供不少于 45 天的公众评论期。

（5）准备环境评价过程文件（Documentation of the ER Process）

在进行环境评价时，应分别撰写中期报告和终期报告。前者用于在贸易谈判时为谈判者提供充分的信息，以便将环境考虑整合到贸易政策之中；后者则可以为公众提供信息并为以后的环境评价提供经验和参考。同时在撰写环境评价过程报告时也应考虑保密问题。

最后指导方针对各个部门的行政责任也做出了明确的规定和要求。根据总统 13141 号指令以及环评指导方针，美国对随后进行的各类贸易协定均按照环评指导方针开展了环境评价。

### 7.4.2 加拿大——战略环境评价（SEA）

加拿大对贸易协定进行环境影响评价主要来自两个文件的授权：《关于政策、规划以及计划实施项目的环境影响评价内阁指令》和《开展贸易谈判环境影响评价的框架》，前者要求加拿大联邦政府各部门和机构对政策、规划以及计划实施项目进行战略环境评价，后者则对评价方法和过程进行了规定。

加拿大政府部门进行战略环境评价的主要目标有两个：一是，通过给加拿大政府谈判代表提供谈判中的协定可能对环境产生的影响信息，从而帮助他们更好地将环境因素纳入到谈判考虑之中；二是，通过环评公众参与环节，更好地展示在谈判中是如何考虑环境因素的。

为了更好地指导联邦政府各部门和机构进行战略环境评价，实现上述两个目标，2002年加拿大政府发布了《开展贸易协定环境影响评价手册》，该手册于2006年进行了更新。该手册充分体现了开展战略环境评价的灵活性，加拿大政府可根据贸易协定的时间要求以及进程对评价的步骤进行调整，总体上分为以下5个步骤：①发布准备进行环境评价的通知；②进行初始环境评价；③拟定初步的评价报告（根据需要决定是否进一步环评分析）；④形成最终的环境评价报告；⑤公众参与（这一步贯穿于上述四个阶段）。

按照上述指导方法，加拿大对《北美自由贸易协定》进行了环境评价，该评价从4个方面考虑《北美自由贸易协定》的潜在环境影响，包括：环境条款，对《北美自由贸易协定》有关环境问题的条款所产生的影响进行评价；环境筛选，评价《北美自由贸易协定》对加拿大环境的潜在影响；工业转移，分析加拿大企业可能被国外宽松的环境法规所吸引而迁出加拿大；后续机制，即确保在《北美自由贸易协定》签署之后仍保持贸易部门和环境部门的合作关系解决由于实施《北美自由贸易协定》而带来的环境问题。

### 7.4.3 欧盟——可持续性影响评价（SIA）

尽管国际上开展的自由贸易协定环境影响评价已开始涉及经济、社会和环境的多个方面，但是可持续发展则被逐渐认为是一种包含意义更广泛的追求与发展目标。因此，欧盟开始向自由贸易协定可持续性影响评价的方向发展。

欧盟从20世纪90年代末开始针对WTO谈判开展了SIA的研究和方法学的开发，并且进行了一系列SIA的实际研究工作，总结出了SIA的方法学。目前开发的SIA方法学，主要是针对全球贸易协定（尤其是其中的贸易措施）对可持续发展的影响。

欧盟委托英国曼彻斯特大学开展了三个阶段的研究，第一和第二阶段被称为SIA初步研究阶段，并于1999年以前完成；第三阶段研究在2002年完成。在初步研究阶段所使用的SIA方法提炼和发展的基础上，形成了SIA初步评价方法；SIA初步评价方法应用于第三阶段的完整SIA研究，经过再次提炼和发展，形成了完整评价描述的SIA方法学，并于2002年形成了最终方法学的研究报告。两种方法学共享同样的基础原则，两者都把可持续发展要求作为目标，将评价产生的结果和建议运用到谈判中。

从评价方法上来看，根据开展的工作，可持续性影响评价主要考虑贸易的五个方面环境影响：a．规模效应，贸易影响了经济总量，使得生产活动扩大或减小；b．结构效应，贸易会导致国内生产结构的调整；c．产品效应，指与贸易产品性质相关的环境影响；d．技术效应，贸易会促进技术的传播与扩散；e．法规效应，通过签署贸易协定会带来国内相对应政策和法规的改变和调整。这些影响从时间尺度上应分为短期影响、中期影响和长期影响，在不同时间尺度下，贸易的影响可能会不完全相同。

在考虑了上述因素后，还应该注意到：a．在考虑长期影响时，应更加注重动态效应；b．在经济模型中未涵盖的变量以及不能被数量化表达的变量，如非关税贸易壁垒的变化；c．在经济结构中的非正式部门，比如家庭内的劳动在统计部门及劳工部门不能被反映；d．与土地利用变化相关的影响。

尽管目前贸易影响评价方法已经应用于 WTO、多边及双边协定等各个领域，但是影响评价工作还存在许多不足：a．对于跨边界和全球环境影响的评估工作较为滞后；b．对于事前评估结论在某种程度上被纳入贸易协定中缺乏证据。为此一些新的尝试正在进行，比如对于事前评估中所指出的影响在协定实施中进行监督，以及开展事后评估开展，同时欧盟在签署新的自贸区协定时已开始专门针对贸易协定对社会和环境的影响展开评价。

### 7.4.4 美国与欧盟评价方法的比较

美国与欧盟之间的方法虽然在某些方面类似，如在事先筛选某些评价指标、对环境影响做出评价以及提出扩大或缩小某些环境影响的措施等，然而他们之间仍存在较大的差别：

一是评价的主体不同。美国是由政府开展自由贸易协定环境影响评价，而欧盟则是聘请外部专家来进行可持续性影响评价，然后由欧盟委员会和成员国通过正式意见书对评价提出的后续措施等进行反馈。

二是评价的内容不同。美国在环境影响评价中更多的是关注贸易变化或经济波动所带来的环境影响以及相关规则的变化，而欧盟则不仅关注环境影响，也关注经济和社会影响。

三是评价的客体不同，这一点也是最为显著的区别。尽管美国总统 13141 号行政命令中指出：“为使评估全面和恰当，评估也应考虑全球和跨界问题”，然而在实践中相比协定另一方的环境影响而言，美国更为关心本国境内的跨界环境问题。欧盟的可持续性影响评价正好相反，在评估过程中，更关心欧盟以外缔约另一方所受到的社会、经济和环境等方面影响。

## 7.5 案例分析

美国与韩国于2007年6月30日签署了双边自由贸易协定，随后又进行了更新，并于2011年重新签订了《美国—韩国自由贸易协定》。在谈判过程中，美国贸易代表办公室根据总统13277号、13141号指令和由此编写的导则，同时依据2002年贸易法案（the Trade Act of 2002）中2102（C）（4）部分的要求，分别于2006年12月和2011年9月完成了对韩美自由贸易协定环境影响的中期评估报告和终期评估报告。上述两次评估均是基于2007年签署的双边自由贸易协定谈判过程和协定文本。

### 7.5.1 《美国—韩国自由贸易协定》环境评价

（1）中期评价（Interim Review）

根据2002年贸易法案，2006年2月2日美国贸易代表Rob Portman向国会通报了美国总统与韩国进行自由贸易协定谈判的打算，到中期报告完成时，韩美双方经历了5轮正式谈判。

《美国—韩国自由贸易协定》中期环境评价始于联邦于2006年3月3日刊发的《关于征求公众对环境评价范围的评论公告》（71 Fed. Reg. 10999），2006年3月14日联邦还刊发了《征求对美国—韩国自由贸易协定及谈判相关公众意见的公告》（71 Fed. Reg. 6820），反馈回来的公众意见均纳入到了中期报告之中。与此同时，为完成中期报告还征求了联邦经济和环境部门的专家意见。

在中期报告中，环境评价分为以下四个部分：

第一部分，对美国的法律和政策的总体框架进行了介绍。主要分为美国贸易法案以及环境评价流程两个部分。其中，环境评价流程部分主要介绍了根据13141号总统指令制定的环境评价导则。

第二部分，对《美国—韩国自由贸易协定》的背景进行了介绍。分别对韩国的经济、环境、韩美间货物贸易情况以及美国希望在《美国—韩国自由贸易协定》中达成的目标进行了概括性介绍。其中，美国对于《美国—韩国自由贸易协定》在不同领域设定了不同的目标，在环境领域美国希望实现的目标是：加强环境与贸易政策的相互支持；促使韩方对于加强有效环境执法做出适当承诺；建立韩方不要因鼓励贸易和投资而贬损环境法律对环境提供保护的条款；建立互动工作机制，包括协商机制，以便提升可持续发展和解决双方共同关注的环境问题。

第三部分，环境评价范围。为了确定环境评价范围，美国贸易代表办公室充分考虑了来自公众和相关部门环境和贸易专家的意见。根据导则，环境评价是一个持续检查环境问题的过程，因而这些意见也被实时反馈到贸易谈判之中。在该部分主要分析：公众反馈意见、潜在的由经济驱动的对美国环境的影响、跨界和全球问题以及可能的规则影响。在对美国环境影响部分对港口相关的环境问题以及外来物种入侵两个方面进行了分析。而在跨界和全球问题中对韩国可能遭受的由经济驱动带来的环境影响、野生动物贸易、外来物种入侵、环境产品和服务贸易以及海洋渔业 5 个方面进行了分析。

第四部分，环境合作。该部分对现有韩美环境合作机制进行了介绍，同时对《美国—韩国自由贸易协定》与环境合作之间的互动以及希望达成的目标进行了分析。

通过以上分析，中期报告得出以下四点结论：

一是，基于目前韩美间贸易和投资现状以及签署协定可能带来的改变情况，《美国—韩国自由贸易协定》的签署对于美国生产总量影响非常小。因而《美国—韩国自由贸易协定》对于美国环境带来显著的直接影响可能性较小。然而仍需要注意贸易增加对美国一些港口可能带来的环境影响以及外来物种入侵的问题。上述两个问题均可能由任何自由贸易协定引起并扩大，尽管很小却难以量化。

二是，通过与之前签署自由贸易协定相对应条款进行分析，《美国—韩国自由贸易协定》不会对美国政府加强或保持环境法律和法规的权力造成负面影响。

三是，从数量上看，相比美国而言《美国—韩国自由贸易协定》对韩国经济影响更大，因而由经济驱动的环境影响也就更大。然而，从比重上看，韩国出口所占国民经济比重已经非常显著，《美国—韩国自由贸易协定》签署产生的韩国贸易出口增量相对而言所占韩国出口比重并不大，因而《美国—韩国自由贸易协定》对韩国产生环境影响相对而言就不大了。

四是，通过《美国—韩国自由贸易协定》使环境产品和服务贸易更进一步自由化，将对韩国和美国的环境均有益处。同时《美国—韩国自由贸易协定》也提供了双方环境合作的平台，以便更好地解决双方共同关注的环境问题。

（2）终期评价（Final Review）

终期环境评价是对《美国—韩国自由贸易协定》的环境影响形成最终的评价报告，部分参考了中期报告。

终期评价报告分为七个部分：

第一部分，法律和政策框架。该部分与中期报告相同，对美国贸易法案以及环境评价流程进行了介绍。

第二部分，《美国—韩国自由贸易协定》背景。该部分与中期报告大致相同，对韩国的经济、环境、韩美间货物贸易情况进行了概括性介绍。由于韩美已经签署自由贸易协定，因而在终期报告中对谈判目标未再做介绍。

第三部分，《美国—韩国自由贸易协定》。该部分是中期报告中没有的部分。在该部分中对《美国—韩国自由贸易协定》总体情况以及环境章节和相关环境条款进行了介绍。

第四部分，公众和咨询委员会评论。该部分对公众和咨询委员会的评论进行了概括性介绍，并给出了相关评论查询网址。同时该部分还指出了为吸收来自韩国环境组织、私人部门、非政府组织代表的意见，2006 年 3 月在韩国首尔举行了相关讨论会，接受来自韩国公众的咨询。

第五部分，潜在的经济驱动环境影响。该部分对由经济驱动的美国本土以及跨界和全球环境问题进行了分析。该报告在经济驱动的美国本土环境问题中对中期报告提出的与港口污染相关的环境问题以及外来物种入侵对美国的影响进行了进一步分析。在跨界和全球环境问题分析中，也套用了中期报告的框架，对韩国可能遭受的经济驱动环境问题、野生动物贸易、外来物种入侵、环境产品和服务贸易以及海洋渔业 5 个方面作了进一步分析。

第六部分，潜在的规则影响。该部分对《美国—韩国自由贸易协定》对美国规制的影响进行了大致的梳理，特别是《美国—韩国自由贸易协定》中关于投资、服务和技术性贸易壁垒（TBT）的规则将对美国环境、安全和健康方面的规则产生显著的影响。通过梳理，报告指出这些规则不会对美国环境规制产生负面影响，相反还有一定的积极作用。例如，承诺有效执行美国环境法律和法规、不因鼓励贸易和投资而贬损环境法律和法规对美国环境提供的保护等。

第七部分，环境合作。该部分指出，为实现美国环境方面的目标，在与韩国进行自由贸易协定谈判的同时，美国和韩国之间也开展环境合作协定的谈判。该部分对环境合作协定也进行了详尽的描述。

基于上述分析，该报告得出 5 点结论：一是，该协定带来的贸易变化不会对美国产生较大的环境影响；二是，本报告选取了港口污染和外来物种入侵两项特定关注的环境问题进行了分析，尽管有影响，但是通过替代其他国家贸易以及环境合作能够解决这项环境问题；三是，考察了《美国—韩国自由贸易协定》规则对美国制定、实施和维持环境法律法规能力的影响，发现这些影响均是正面的；四是，检查了投资章节条款以及其对环境的影响，发现美国国内投资规则与《美国—韩国自由贸易协定》规定没有不一致的地方，同时对美国环境措施也不会造成挑战；五是，对《美国—韩国自由贸易协定》可能带来的跨界和全球环境问题进行了审视，未发现特定的负面影响，但是仍需要持续监测。

### 7.5.2 多哈回合可持续性影响评价

欧盟使用可持续性影响评价对多个贸易协定进行过分析，主要案例有 WTO 多哈回合的贸易政策影响评估、欧盟—地中海自由贸易协定的贸易政策影响评估以及欧盟—南方市场谈判和协定的贸易政策影响评估等。

以 WTO 多哈回合的贸易政策影响评估为例，该案例主要针对协议签订后对巴西、印度、坦桑尼亚以及加纳等国的农业、林业、渔业、环境服务业以及运输业的影响进行了分析，得出如果多哈回合谈判成功的话，全球经济福利增长将超过 5%，如图 7-1 所示。

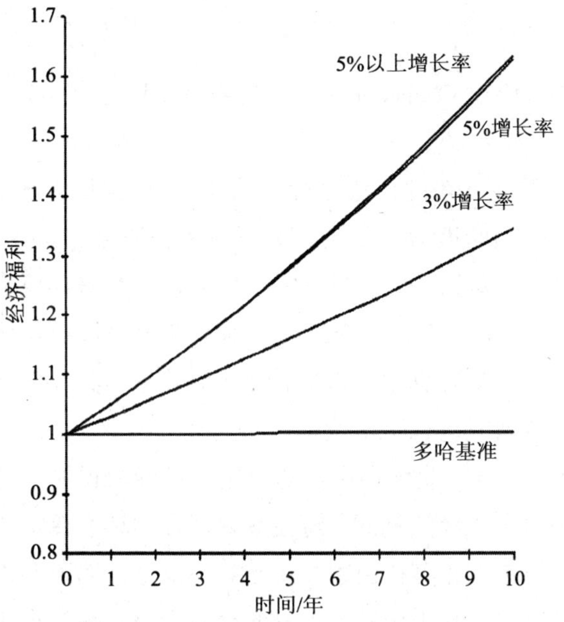


图 7-1 预期经济福利变化

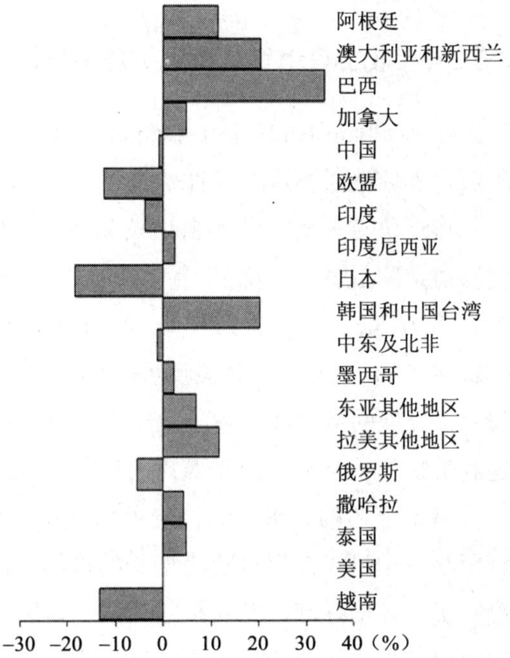


图 7-2 多哈回合对农业的影响

其中对农业、服装业以及电子业的影响如图 7-2、图 7-3、图 7-4 所示。

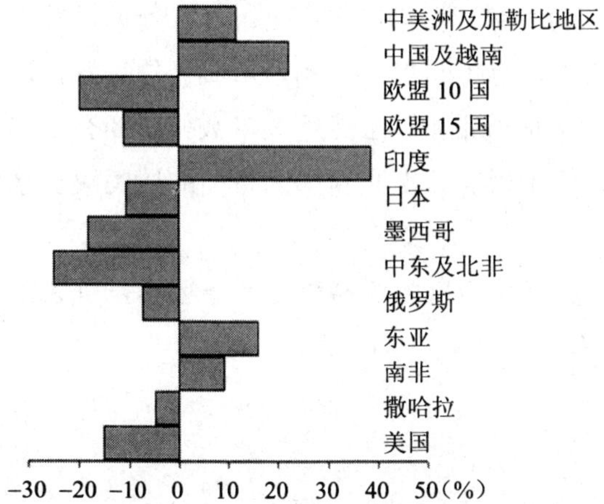


图 7-3 多哈回合对服装业的影响

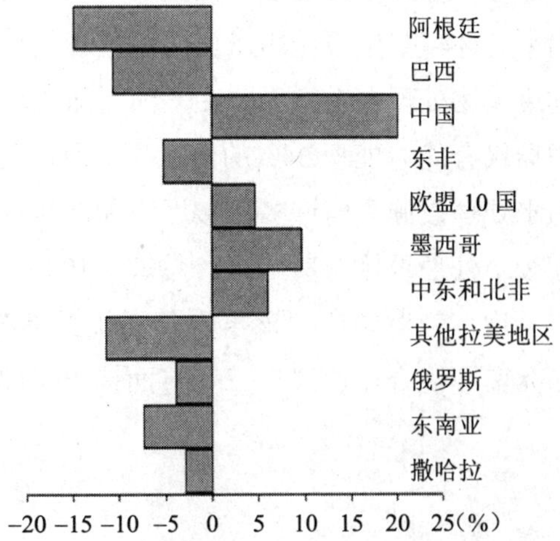


图 7-4 多哈回合对电子业的影响

通过分析可以得出：所有国家在多哈回合后社会一些部门会得到有利影响，但是短期内另一些部门会受到不利影响；在调整过程中由于资本和劳动力会向高效率地方流动，可能会引起摩擦性失业；一些大的发展中国家，如中国、印度等，其贫困问题将会受益于多哈回合等。

### 7.5.3 《北美自由贸易协定》环境评价

Gary Clyde Hufbauer、Daniel C. Esty 和 Diana Orejas 在《北美自由贸易协定》实施 7 年后对其环境影响进行了评价。

该评价首先对《北美自由贸易协定》中涉及环境的议题进行了总体梳理，《北美自由贸易协定》在序言以及 22 个章节中的 5 个章节中都明确地讨论了环境问题，即序言、第 1 章、第 7B 章（SPS）、第 9 章（TBT 和标准）以及第 11 章（投资）。然后，对北美环境合作协定（NAAEC）和北美环境合作委员会（CEC）进行了介绍，并对《北美环境合作协议》下开展的活动和环境争端案件进行了统计。在第四部分和第五部分对美墨边界环境问题和美加环境标准以及墨西哥的环境政策改变情况进行了介绍。

基于上述的分析，该报告得出结论：总体上，《北美自由贸易协定》的经验说明了签订贸易协定可以在促进贸易增长的过程中同时产生经济利润；避免废除现存的环境保护制度；提高环境标准，尤其是在欠发达地区。但是《北美自由贸易协定》不能够证明贸易协定可以从根本上改变几十年的环境污染，以及引来数十亿美元的补救性资金。本报告也指出了区域持续性环境问题，尤其是长期存在于美墨边境的低标准生存条件问题，以及对于《北美自由贸易协定》条款的担忧（例如在第 11 章框架下的投资者—国家诉讼会对环境条款有所影响）和《北美自由贸易协定》环境附属协定的不足，这三方面问题需要解决。另外，边境环境问题特别令人担忧。美国和墨西哥两国没能满足从快速增长的边境经济中衍生出来的环境基础设施需求。两国边境的居民均对空气污染、水供给、污水处理以及有毒固体废弃物处理存在意见。在墨西哥边境城市中，有 12%的人口不能够喝上饮用水，污水处理场仅有能力处理 34%的污水量。而在美国边境城市中，虽然绝大多数城市拥有足够多的污水处理设施，但许多已接近饱和。而且，位于得克萨斯和新墨西哥州的居民缺少水供给和废水处理设施（美国审计总署，1999）。

最后，针对结论，该报告分别就美墨边境、《北美自由贸易协定》环境和投资条款以及《北美环境合作协议》三个方面提出了建议。

# 8 中国的自由贸易协定环境条款分析

《中共中央关于全面深化改革若干重大问题的决定》中提出“加快自由贸易区建设……加快环境保护、投资保护、政府采购、电子商务等新议题谈判，形成面向全球的高标准自由贸易区网络。”将环境保护议题作为加快自由贸易协定建设的重要任务专门提出，不仅是全面深化改革的现实要求，更是加快和深化生态文明体制改革、生态文明制度建设，促进环境与经济融合的难得机遇。中国的自由贸易协定环境条款经历了从无到有，从简单到复杂，从低级到高级，从原则性表述到实质性义务的发展阶段，具有鲜明特征。

## 8.1 中国的自由贸易协定发展现状

### 8.1.1 在建自由贸易协定概况分析

截至 2014 年 9 月 30 日，中国在建自由贸易协定 20 个，共涉及 32 个国家或地区。其中，已签署的自由贸易协定有 12 个，而且均已实施，涉及 20 个国家和地区，分别是中国与东盟、新加坡、巴基斯坦、新西兰、智利、秘鲁、哥斯达黎加、冰岛和瑞士的自由贸易协定，内地与香港、澳门的更紧密经贸关系安排（CEPA），以及大陆与台湾的《海峡两岸经济合作框架协议》（ECFA）（详见表 8-1）。正在谈判的自由贸易协定共 8 个，涉及 23 个国家，分别是中国与韩国、海湾合作委员会（GCC）、澳大利亚、斯里兰卡和挪威的自由贸易协定，以及中日韩自由贸易协定、《区域全面经济合作伙伴关系》（RCEP）协定和中国—东盟自由贸易协定（“10+1”）升级版。此外，中国完成了与印度的区域贸易安排（RTA）联合研究；正与哥伦比亚等开展自贸区联合可行性研究；还加入了《亚太贸易协定》。

表 8-1 中国已建自由贸易协定相关情况

| 序号 | 已签署自由贸易协定 | 签署时间 | 具体情况 | 备注 |
|---|---|---|---|---|
| 1 | 内地与香港关于建立更紧密经贸关系的安排 | 2003 年 6 月 | 2003 年 6 月 29 日签署《内地与香港关于建立更紧密经贸关系的安排》，2004 年 1 月开始实施；<br>2003 年至今共签署 7 个补充协议 | |

| 序号 | 已签署自由贸易协定 | 签署时间 | 具体情况 | 备注 |
| --- | --- | --- | --- | --- |
| 2 | 内地与澳门关于建立更紧密经贸关系的安排 | 2003年10月 | 2003年10月17日签署《内地与澳门关于建立更紧密经贸关系的安排》，2004年1月开始实施；<br>2005年至今，共签署7个补充协议 | |
| 3 | 中国—智利 | 2005年11月 | 2004年11月启动；<br>2005年11月，双方签署《中国—智利自由贸易协定》；<br>2006年10月1日，开始实施；<br>2008年4月签署《中国—智利自由贸易协定关于服务贸易的补充协定》 | |
| 4 | 中国—新西兰 | 2008年4月 | 2008年4月，《中华人民共和国政府与新西兰政府自由贸易协定》正式签署，于2008年10月1日开始生效 | 中国与发达国家签署的第一个自由贸易协定，也是中国与其他国家签署的第一个涵盖货物贸易、服务贸易、投资等多个领域的自由贸易协定 |
| 5 | 中国—新加坡 | 2008年10月 | 2008年10月，签署了《中华人民共和国政府和新加坡共和国政府自由贸易协定》。同时，双方还签署了《中华人民共和国政府和新加坡共和国政府关于双边劳务合作的谅解备忘录》 | |
| 6 | 中国—巴基斯坦 | 2009年2月21日 | 2003年11月签署优惠贸易安排；<br>2004年10月启动自由贸易协定联合研究；<br>2005年4月签署自由贸易协定早期收获协议；<br>2006年11月签署自由贸易协定，2007年7月实施；<br>2008年10月签署自由贸易协定补充议定书，以促进投资合作；<br>2008年12月结束服务贸易协定谈判 | 《中巴自由贸易协定服务贸易协定》是迄今为止两国各自对外国开放程度最高、内容最为全面的自由贸易协定服务贸易协定 |
| 7 | 中国—秘鲁 | 2009年4月 | 2007年9月启动；<br>2009年4月，签署自由贸易协定 | 中秘自由贸易协定是中国与拉美国家签署的第一个“一揽子”自由贸易协定 |

| 序号 | 已签署自由贸易协定 | 签署时间 | 具体情况 | 备注 |
|---|---|---|---|---|
| 8 | 中国—东盟 | 2010年1月1日 | 2002年11月4日，签署了《中国—东盟全面经济合作框架协议》，正式启动了自由贸易协定建设的进程；<br>2004年11月，双方签署自由贸易协定《货物贸易协议》，2005年7月开始相互实施全面降税；<br>2007年1月，双方又签署了自由贸易协定《服务贸易协议》，已于当年7月顺利实施；<br>2009年8月，双方签署了《投资协议》；<br>2010年1月1日，正式建立 | 中国商谈的第一个自由贸易协定，也是目前建成的最大的自由贸易协定，所涉及国家包括：文莱、印度尼西亚、马来西亚、菲律宾、新加坡、泰国、柬埔寨、老挝、缅甸和越南 |
| 9 | 中国—哥斯达黎加 | 2010年4月 | 2009年1月启动；<br>2010年4月正式签署自由贸易协定；<br>2011年8月1日，正式生效 | 中哥自由贸易协定是中国与中美洲国家签署的第一个“一揽子”自由贸易协定 |
| 10 | 海峡两岸经济合作框架协议 | 2010年6月 | 2010年6月签订；<br>2010年9月实施 | |
| 11 | 中国—冰岛 | 2013年4月 | 2006年12月启动；<br>2009年，谈判中止；<br>2012年，重启谈判；<br>2013年4月，签署了《中华人民共和国政府和冰岛政府自由贸易协定》；<br>2014年7月1日，正式生效 | 中国与欧洲国家签署的第一个自由贸易协定，涵盖货物贸易、服务贸易、投资等诸多领域 |
| 12 | 中国—瑞士 | 2013年5月 | 2011年1月启动；<br>2013年5月，双方签署《关于结束中国—瑞士自由贸易协定谈判的谅解备忘录》；<br>2014年7月1日，正式生效 | 中国对外达成的水平最高、最为全面的自由贸易协定之一；首次包含了“环境问题”章节 |

资料来源：作者根据中国商务部网站相关资料整理。

已签署自由贸易协定对于进一步扩大中国对外贸易规模、优化贸易结构等发挥了重要作用。据商务部有关数据显示，2010年，与自由贸易协定伙伴双边贸易额达7 826亿美元，占我对外贸易26.3%。中国—东盟自由贸易协定建成以后，我船舶、钢铁、服装、陶瓷等出口增长较快，其中，机电产品占出口比例由39.5%提高到53.4%，同时从东盟进口铜、橡胶、可可等增长较快。

## 8.1.2 中国自由贸易协定发展特点分析

结合目前中国在建自由贸易协定的相关内容，对中国自由贸易协定发展特点分析如下：

（1）自由贸易协定开放涉及领域较为宽广

中国自由贸易协定涉及了货物、服务、投资三个方面。在具体协议涉及内容方面，以货物贸易为例，货物贸易的开放涉及市场准入、原产地规则、海关程序、卫生与植物卫生措施、技术贸易壁垒、贸易救济、争端解决机制、透明度、知识产权、贸易便利化，以及经济、中小企业、文化、教育、科技、环境、劳动和社会保障、知识产权、投资促进、矿产和工业领域的合作等。

（2）自由贸易协定开放水平更高

与 WTO 等多边贸易协定相比，中国自由贸易协定的开放水平更高。在自由贸易协定货物贸易开放方面，中国零关税产品贸易额和税目数均达到 90%以上，1/4 的对外贸易已经基本实现自由化（若排除台港澳，自由化比例仅为 12%）。服务贸易方面，部分开放承诺高出多哈回合改进出价，例如根据《中国—智利自由贸易协定》达成条款，中国的计算机、管理咨询、采矿、环境、体育、空运等 23 个部门和分部门，以及智利的法律、建筑设计、工程、计算机、研发、房地产、广告、管理咨询、采矿、制造业、租赁、分销、教育、环境、旅游、体育、空运等 37 个部门和分部门将在各自 WTO 承诺基础上向对方进一步开放。

（3）自由贸易协定建设采取多样灵活的方式

与多边协议相比，由于单个自由贸易协定涉及国家或地区较少，自由贸易协定建设可以采取灵活多样的方式，示例主要如下：

①《内地与香港关于建立更紧密经贸关系的安排》，先签署主体协议，后签署补充协议，逐步扩大贸易自由化范围；

②中国—东盟 10+1，《海峡两岸经济合作框架协议》，先签署早期收获协议，后签署主体协议，分步骤实现贸易自由化。例如中国与东盟 2004 年 11 月签署自由贸易协定《货物贸易协议》，2007 年 1 月，双方又签署了自由贸易协定《服务贸易协议》，2009 年 8 月，双方签署了《投资协议》，而后于 2010 年 1 月 1 日，签署自由贸易协定正式协议。

（4）伙伴对象主要以发展中国家或新兴经济体为主

中国已经签署的自由贸易协定主要以发展中国家和新兴经济体为主，与发达国家所签署自由贸易协定较少。已建立的 12 个自由贸易协定中，属于中国与发达国家之间建立的自由贸易协定主要有新西兰、冰岛、瑞士等，其他则主要为与发展中国家或地区之间。

（5）自由贸易协定的建立在很大程度上基于地缘优势

从目前中国自由贸易协定建设的地域分布可以看出，中国与各国或地区之间所建的自由贸易协定主要集中于中国所在的亚洲，且几乎全部都与中国具有领土或者领海的直接接壤，这与国际贸易初始基于地缘优势而兴起的状况相一致。

## 8.2 中国自由贸易协定中的环境条款

中国已建成自由贸易协定中的环境条款主要体现在所签署自由贸易协定的正文及附件中。已签署的12个自由贸易协定涉及环境内容的共有11个，除了《海峡两岸经济合作框架协议》，其他的都包括环境条款。中国所签署的自由贸易协定中最早的环境条款出现在《中国—智利自由贸易协定》中。

根据包含的内容及相关性程度可分为三个层次：第一个层次是在序言中强调环境是可持续发展的重要组成部分，以及在服务贸易协定的服务贸易减让表中涉及环境服务贸易开放承诺；第二个层次是在第一个层次基础上在合作章节或技术合作章节涉及环境合作内容以及环境例外条款等其他内容，例如内地与港澳更紧密经贸关系安排、中国与新西兰自由贸易协定等；第三个层次是在第一、二层次基础上涉及专门环境章节或环境合作附属协定，例如《中国—瑞士自由贸易协定》。从形式上，环境议题在自由贸易协定中主要以序言中的原则性表述、自由贸易协定中的环境条款以及附件等形式出现。从具体内容来看，环境内容主要体现在以下方面：

（1）序言中关于环境保护的原则性表述

中国签署的自由贸易协定中有7个序言中都提到环境保护或可持续发展问题，分别是：中国—智利、中国—新西兰、中国—巴基斯坦、中国—秘鲁、中国—哥斯达黎加、中国—瑞士、中国—冰岛。各种表述方式不尽相同，但是都强调了环境保护与经济发展、社会发展都是可持续发展重要组成部分等相关内容。例如，在《中国—智利自由贸易协定》序言中，提出“认识到执行本协定是为了提高生活水平、创造新的就业机会、以保护和保持环境的方式促进可持续发展”。在《中国—新西兰自由贸易协定》序言中，提出“谨记经济发展、社会发展及环境保护是可持续发展中相互依存、相互加强的组成部分，以及更紧密的经济伙伴关系能够在促进可持续发展方面发挥重要作用。”以上表述前半部分援引1995年《马拉喀什建立世界贸易组织协定》对可持续发展的定义，后半部分强调贸易要不能破坏可持续发展为原则。其他序言大致以《中国—新西兰自由贸易协定》中的表述为模板。

（2）突出和强调环境合作

中国签署的自由贸易协定中有9个涉及环境合作内容，分别是《内地与香港关于建立更紧密经贸关系的安排》及其补充协议、《内地与澳门关于建立更紧密经贸关系的安排》及其补充协议、中国—智利、中国—新西兰、中国—秘鲁、中国—新加坡、中国—哥斯达黎加、中国—瑞士、中国—冰岛自由贸易协定，是涵盖最广的内容。环境合作内容包括环保产业合作、环境技术合作以及与其他相关内容混合出现，如中国—智利为劳动、社会保障和环境合作，中国—新西兰为劳动和环境，中国—秘鲁为林业和环境保护，中国—冰岛为劳动和环境保护。环境产业合作又包括合作机制、合作内容、实体参与等内容。

（3）涉及环境例外条款

在中国—新西兰、中国—哥斯达黎加等自由贸易协定中涉及环境例外条款，一般应用GATT 1994 第二十条第（二）、（七）项及 GATS 第十四条第（二）项采取的措施。例如，《中国—哥斯达黎加自由贸易协定》中规定“缔约双方理解，并入本协定的 GATT 1994 第二十条第（二）项所指的措施可包括为保护人类、动物或植物的生命或健康所必需的环境措施，GATT 1994 第二十条第（七）项适用于保护生物及非生物的不可再生自然资源的措施，但这些措施的实施不应构成恣意或不合理的歧视手段，或对货物贸易构成变相的限制。缔约双方理解，并入本协定的 GATS 第十四条（二）项所指的措施可包括为保护人类、动物或植物的生命或健康所必需的环境措施，但这些措施的实施不应构成恣意或不合理的歧视手段，或对服务贸易或投资构成变相的限制。”

（4）涉及技术性贸易壁垒和卫生与植物卫生措施条款

中国—新加坡、中国—东盟、中国—哥斯达黎加三个自由贸易协定涉及技术性贸易壁垒和卫生与植物卫生措施条款。主要涉及其中的透明度内容，例如在《中国—新加坡自由贸易协定》中，提出“对于任何通报，除非出于健康、安全、环境保护或国家安全问题或面临发生此类问题的威胁等考虑而采取更紧急的行动，各方应给予另一方至少 60 天的评议期，供其提交书面评议。”

（5）环境服务市场准入问题

自由贸易协定中环境服务是 12 个服务部门之一，中国自由贸易协定中环境服务市场在加入世界贸易组织承诺减让表基础上进一步开放。联合国《中央产品总分类》中按照环境要素进行分类，将环境服务分为 7 大类包括污水处理服务（CPC 9401）、垃圾处置服务（CPC 9402）、废气清理服务（CPC 9404）、噪声消除服务（CPC 9405）、自然和风景保护服务（CPC 9406）、其他环境保护服务（CPC 9409）和卫生服务（CPC 9403）。

**表 8-2 中国加入 WTO 时环境服务贸易具体承诺减让表**

| 环境服务 | 市场准入限制 | 国民待遇限制 |
| --- | --- | --- |
| （不包括环境质量监测和污染源检查）<br>A．污水处理服务（CPC 9401）<br>B．垃圾处置服务（CPC 9402）<br>C．废气清理服务（CPC 9404）<br>D．噪声消除服务（CPC 9405）<br>E．自然和风景保护服务（CPC 9406）<br>F．其他环境保护服务（CPC 9409）<br>G．卫生服务（CPC 9403） | （1）除环境咨询服务外，不作承诺<br>（2）没有限制<br>（3）允许外国服务提供者仅限于以合资企业形式从事环境服务，允许外资拥有多数股权<br>（4）除水平承诺中内容外，不作承诺 | （1）没有限制<br>（2）没有限制<br>（3）没有限制<br>（4）除水平承诺中内容外，不作承诺 |
| 服务提供方式：（1）——跨境交付；（2）——境外消费；（3）——商业存在；（4）——自然人流动 | | |

资料来源：中国加入 WTO 议定书。

目前中国在自由贸易协定谈判中对于环境服务部门的开放主要以 WTO 中做出的承诺为基础。部分自由贸易协定中，如与东盟、新加坡、巴基斯坦、新西兰、智利、瑞士以及内地与港澳更紧密经贸关系安排的自由贸易协定中已作出了超过在 WTO 中的承诺，详见表 8-3。

**表 8-3 中国已签署自由贸易协定中环境服务市场开放情况**

<table>
<tr><th>名称</th><th>开放部门<br>（不包括环境质量监测和污染源检查）</th><th>市场准入限制</th><th>国民待遇限制</th><th>备注</th></tr>
<tr><td>中国—东盟</td><td>A. 污水处理服务（CPC 9401）<br>B. 垃圾处置服务（CPC 9402）<br>C. 废气清理服务（CPC 9404）<br>D. 噪声消除服务（CPC 9405）<br>E. 自然和风景保护服务（CPC 9406）<br>F. 其他环境保护服务（CPC 9409）<br>G. 卫生服务（CPC 9403）</td><td>（1）除环境咨询服务外，不作承诺<br>（2）没有限制<br>（3）允许设立外商独资企业<br>（4）除水平承诺中内容外，不作承诺</td><td>（1）没有限制<br>（2）没有限制<br>（3）没有限制<br>（4）除水平承诺中内容外，不作承诺</td><td></td></tr>
<tr><td>中国—新加坡</td><td>A. 污水处理服务（CPC 9401）<br>B. 垃圾处置服务（CPC 9402）<br>C. 废气清理服务（CPC 9404）<br>D. 噪声消除服务（CPC 9405）<br>E. 自然和风景保护服务（CPC 9406）<br>F. 其他环境保护服务（CPC 9409）<br>G. 卫生服务（CPC 9403）</td><td>（1）除环境咨询服务外，不作承诺<br>（2）没有限制<br>（3）允许设立外商独资企业<br>（4）除水平承诺中内容外，不作承诺</td><td>（1）没有限制<br>（2）没有限制<br>（3）没有限制<br>（4）除水平承诺中内容外，不作承诺</td><td></td></tr>
<tr><td rowspan="2">中国—巴基斯坦</td><td>A. 污水处理服务（CPC 9401）<br>B. 垃圾处置服务（CPC 9402）<br>C. 废气清理服务（CPC 9404）<br>D. 噪声消除服务（CPC 9405）<br>G. 卫生服务（CPC 9403）</td><td>（1）除环境咨询服务外，不作承诺<br>（2）没有限制<br>（3）允许设立外商独资企业<br>（4）除水平承诺中内容外，不作承诺</td><td rowspan="2">（1）没有限制<br>（2）没有限制<br>（3）没有限制<br>（4）除水平承诺中内容外，不作承诺</td><td rowspan="2"></td></tr>
<tr><td>E. 自然和风景保护服务（CPC 9406）<br>F. 其他环境保护服务（CPC 9409）</td><td>（1）除环境咨询服务外，不作承诺<br>（2）没有限制<br>（3）允许设立合资企业，允许外资拥有多数股权<br>（4）除水平承诺中内容外，不作承诺</td></tr>
<tr><td>中国—新西兰</td><td>A. 污水处理服务（CPC 9401）<br>B. 垃圾处置服务（CPC 9402）<br>C. 废气清理服务（CPC 9404）<br>D. 噪声消除服务（CPC 9405）<br>E. 自然和风景保护服务（CPC 9406）<br>F. 其他环境保护服务（CPC 9409）<br>G. 卫生服务（CPC 9403）</td><td>（1）除环境咨询服务外，不作承诺<br>（2）没有限制<br>（3）允许设立外商独资企业<br>（4）除水平承诺中内容外，不作承诺</td><td>（1）没有限制<br>（2）没有限制<br>（3）没有限制<br>（4）除水平承诺中内容外，不作承诺</td><td>新西兰环境服务的承诺不包括水（含人类用水）的收集、净化和供应</td></tr>
</table>

| 名称 | 开放部门<br>（不包括环境质量监测和污染源检查） | 市场准入限制 | 国民待遇限制 | 备注 |
|---|---|---|---|---|
| 中国—智利 | A．污水处理服务（CPC 9401）<br>B．垃圾处置服务（CPC 9402）<br>C．废气清理服务（CPC 9404）<br>D．噪声消除服务（CPC 9405）<br>E．自然和风景保护服务（CPC 9406）<br>F．其他环境保护服务（CPC 9409）<br>G．卫生服务（CPC 9403） | （1）除环境咨询服务外，不作承诺<br>（2）没有限制<br>（3）允许设立外商独资企业<br>（4）除水平承诺中内容外，不作承诺 | （1）没有限制<br>（2）没有限制<br>（3）没有限制<br>（4）除水平承诺中内容外，不作承诺 | |
| 中国—秘鲁 | A．污水处理服务（CPC 9401）<br>B．垃圾处置服务（CPC 9402）<br>C．废气清理服务（CPC 9404）<br>D．噪声消除服务（CPC 9405）<br>E．自然和风景保护服务（CPC 9406）<br>F．其他环境保护服务（CPC 9409）<br>G．卫生服务（CPC 9403） | （1）除环境咨询服务外，不作承诺<br>（2）没有限制<br>（3）允许外国服务提供者仅限于以合资企业形式从事环境服务，允许外资拥有多数股权<br>（4）除水平承诺中内容外，不作承诺 | （1）没有限制<br>（2）没有限制<br>（3）没有限制<br>（4）除水平承诺中内容外，不作承诺 | |
| 中国—哥斯达黎加 | A．污水处理服务（CPC 9401）<br>B．垃圾处置服务（CPC 9402）<br>C．废气清理服务（CPC 9404）<br>D．噪声消除服务（CPC 9405）<br>E．自然和风景保护服务（CPC 9406）<br>F．其他环境保护服务（CPC 9409）<br>G．卫生服务（CPC 9403） | （1）除环境咨询服务外，不作承诺<br>（2）没有限制<br>（3）允许外国服务提供者仅限于以合资企业形式从事环境服务，允许外资拥有多数股权<br>（4）除水平承诺中内容外，不作承诺 | （1）没有限制<br>（2）没有限制<br>（3）没有限制<br>（4）除水平承诺中内容外，不作承诺 | |
| 中国—冰岛 | A．污水处理服务（CPC 9401）<br>B．垃圾处置服务（CPC 9402）<br>C．废气清理服务（CPC 9404）<br>D．噪声消除服务（CPC 9405）<br>E．自然和风景保护服务（CPC 9406）<br>F．其他环境保护服务（CPC 9409）<br>G．卫生服务（CPC 9403） | （1）除环境咨询服务外，不作承诺<br>（2）没有限制<br>（3）允许外国服务提供者仅限于以合资企业形式从事环境服务，允许外资拥有多数股权<br>（4）除水平承诺中内容外，不作承诺 | （1）没有限制<br>（2）没有限制<br>（3）没有限制<br>（4）除水平承诺中内容外，不作承诺 | |
| 中国—瑞士 | A．污水处理服务（CPC 9401）<br>B．垃圾处置服务（CPC 9402）<br>C．废气清理服务（CPC 9404）<br>D．噪声消除服务（CPC 9405）<br>G．卫生服务（CPC 9403） | （1）除环境咨询服务外，不作承诺<br>（2）没有限制<br>（3）允许外资独资<br>（4）除水平承诺中内容外，不作承诺 | （1）没有限制<br>（2）没有限制<br>（3）没有限制<br>（4）除水平承诺中内容外，不作承诺 | |

| 名称 | 开放部门<br>（不包括环境质量监测和污染源检查） | 市场准入限制 | 国民待遇限制 | 备注 |
|---|---|---|---|---|
| 中国—瑞士 | E．自然和风景保护服务（CPC 9406）<br>F．其他环境保护服务（CPC 9409） | （1）除环境咨询服务外，不作承诺<br>（2）没有限制<br>（3）允许外国服务提供者仅限于以合资企业形式从事环境服务，允许外资拥有多数股权<br>（4）除水平承诺中内容外，不作承诺 | | |
| 内地与港澳更紧密经贸关系安排 | A．污水处理服务（CPC 9401）<br>B．垃圾处置服务（CPC 9402）<br>C．废气清理服务（CPC 9404）<br>D．噪声消除服务（CPC 9405）<br>E．自然和风景保护服务（CPC 9406）<br>F．其他环境保护服务（CPC 9409）<br>G．卫生服务（CPC 9403） | 允许香港服务提供者在内地设立独资企业，提供环保服务同意广东省审批服务提供者在广东开办环境污染治理设施运营企业资质 | 《补充协议十》<br>1．香港服务提供者在香港和内地从事环境污染治理设施运营的实质性商业经营，可共同作为评定其在内地申请企业环境污染治理设施运营资质的依据<br>2．允许香港服务提供者雇用的合同服务提供者以自然人流动的方式在内地提供本部门或分部门分类项下的服务 | |

注：（1）——跨境交付；（2）——境外消费；（3）——商业存在；（4）——自然人流动

资料来源：李丽平，原庆丹等．环境服务贸易发展报告[M]．北京：中国环境科学出版社，2012.

（6）设立独立的环境章节

中国—瑞士自由贸易协定是中国签署的第一个将环境问题单独设章的自由贸易协定。详细内容在下节单独分析。

**表 8-4 已建成自由贸易协定中环境内容概况**

| 序号 | 自由贸易协定 | 环境内容 |
|---|---|---|
| 1 | CEPA（《内地与香港关于建立更紧密经贸关系的安排》及其补充协议） | **补充协议四和五：**<br>自 2008 年 1 月 1 日起，内地在《安排》、《〈安排〉补充协议》、《〈安排〉补充协议二》、《〈安排〉补充协议三》开放服务贸易承诺的基础上，在法律、医疗、计算机及其相关服务、房地产、市场调研、与管理咨询相关的服务、公用事业、人才中介、建筑物清洁、摄影、印刷、笔译和口译、会展、电信、视听、分销、环境等多个领域进一步放宽市场准入的条件。具体内容载于本协议附件。<br>**补充协议七：**<br>九、产业合作<br>（四）环保产业合作<br>环保产业合作对于推动两地经济发展和促进两地经贸交流具有重要意义。双方同意加强在环保产业领域的合作，支持两地环保产业共同发展。<br>1．合作机制<br>在联合指导委员会的指导和协调下，建立有关工作组，加强双方在环保产业领域的合作。<br>2．合作内容<br>双方同意加强以下方面的合作：（1）加强两地在环保产业合作领域的交流与沟通。（2）在环保产业的法律法规制定和执行方面交换信息。（3）加强在培训、考察等方面的合作。（4）通过展会推介、举办研讨会等多种方式加强两地环保产业领域的合作。（5）探讨进一步促进营商便利化的合作建议，以支持两地环保产业发展。<br>3．其他实体的参与<br>双方同意支持和协助半官方机构、非官方机构和业界在促进两地环保产业合作中发挥作用。 |
| 2 | CEPA（《内地与澳门关于建立更紧密经贸关系的安排》及其补充协议） | **补充协议四和五：**<br>自 2008 年 1 月 1 日起，内地在《安排》、《〈安排〉补充协议》、《〈安排〉补充协议二》、《〈安排〉补充协议三》开放服务贸易承诺的基础上，在法律、医疗、计算机及其相关服务、房地产、市场调研、与管理咨询相关的服务、公用事业、人才中介、建筑物清洁、摄影、印刷、笔译和口译、会展、电信、视听、分销、环境等 28 个领域进一步放宽市场准入的条件。具体内容载于本协议附件。<br>**补充协议七：**<br>二、环保产业合作<br>环保产业合作对于推动两地经济发展和促进两地经贸交流具有重要意义。双方同意加强在环保产业领域的合作，支持两地环保产业共同发展。<br>（一）合作机制<br>在联合指导委员会的指导和协调下，建立有关工作组，加强双方在环保产业领域的合作。<br>（二）合作内容<br>双方同意加强以下方面的合作：<br>1．加强两地在环保产业合作领域的交流与沟通。2．在环保产业的法律法规制定和执行方面交换信息。3．加强在培训、考察等方面的合作。4．通过展会推介、举办 |

| 序号 | 自由贸易协定 | 环境内容 |
|---|---|---|
| 2 | CEPA（《内地与澳门关于建立更紧密经贸关系的安排》及其补充协议） | 研讨会等多种方式加强两地环保产业领域的合作。5. 探讨进一步促进营商便利化的合作建议，以支持两地环保产业发展。<br>（三）其他实体的参与<br>**双方同意支持和协助半官方机构、非官方机构和业界在促进两地环保产业合作中发挥作用**。 |
| 3 | 中国—智利 | **序言**<br>认识到执行本协定是为了提高生活水平、创造新的就业机会、以保护和保持环境的方式促进可持续发展；<br>**第十三章 合作 第一百零八条 劳动、社会保障和环境合作**<br>缔约双方应该通过劳动和社会保障合作谅解备忘录和环境合作协定增强缔约双方在劳动、社会保障和环境方面的交流和合作。 |
| 4 | 中国—东盟 | 关于在《中国—东盟全面经济合作框架协议》下《货物贸易协议》中纳入技术性贸易壁垒和卫生与植物卫生措施章节的议定书：<br>**第八条 透明度**<br>三、除因发生或可能发生健康、安全和环境风险而采取紧急措施，各缔约方应给予对方不少于60天的评议期。 |
| 5 | 中国—新西兰 | **序言**<br>谨记经济发展、社会发展及环境保护是可持续发展中相互依存、相互加强的组成部分，以及更紧密的经济伙伴关系能够在促进可持续发展方面发挥重要作用。<br>**第九十条 目标**<br>一、本章旨在：<br>（三）促进规章协调，以控制健康、安全和环境风险。<br>**第九十六条 规章合作**<br>一、（三）在双方认为适当的情况下，制定有关健康、安全、环境和欺诈行为风险管理的共同倡议；<br>三、对于本章附件或《实施安排》涉及的货物，如一方认为这些货物对健康、安全或者环境可能构成必须立即处理的问题而采取措施，其应当在附件或《实施安排》规定的时间内，通过第一百条规定的联系点，将其所采取的措施和实施该措施的原因通知另一方。<br>**第十四章 合作 第一百七十七条 劳动和环境合作**<br>双方应当通过《环境合作协定》，加强双方在劳动和环境问题上的交流与合作。<br>**第十七章 例外 第二百条 一般例外**<br>二、双方理解，并入本协定的GATT 1994第二十条第（二）项及GATS第十四条第（二）项采取的措施可包括为保护人类、动物或植物生命或健康所必需的环境措施，并入本协定的GATT 1994第二十条（七）项适用于保护生物及非生物的不可再生自然资源的措施，但这些措施的实施不应构成恣意或不合理的歧视手段，或对货物或服务贸易或投资构成变相的限制。 |
| 6 | 中国—巴基斯坦 | **序言**<br>认识到执行本协定是为了提高生活水平、创造新的工作机会并以与环境保护相一致的方式促进可持续发展。 |

| 序号 | 自由贸易协定 | 环境内容 |
|---|---|---|
| 7 | 中国—秘鲁 | **序言**<br>认识到执行本协定是为了提高生活水平、创造新的就业机会、减少贫困以及以保护和保持环境的方式促进可持续发展。<br>**第十二章 合作**<br>**第一百六十一条 劳务合作**<br>缔约双方应当在《中华人民共和国政府与秘鲁共和国政府间劳务合作谅解备忘录》框架下，促进在劳务、社会安全以及环境问题方面的沟通与合作。<br>**第一百六十二条　林业和环境保护**<br>一、林业和环境保护合作的宗旨如下述但不限：<br>（一）在林业部门建立双边合作关系；（二）开发对森林资源可持续性管理的培训计划和研究；（三）提高森林恢复和可持续管理，旨在亚太地区增加碳汇和减少气候变化的影响；（四）国家项目的执行合作，目标为加强林区为改善转为工业用途和环境保护的人工林管理；（五）对木材可持续性利用的详尽研究；（六）开发用于转化加工木材和非木材产品的新技术；（七）加强农林技术合作。<br>二、为达到第一百四十九条（目标）之目标，缔约双方应重点通过合作、磋商的方式就林业合作达成双边协定，这种合作如下所述：（一）相互交流森林资源可持续利用相关的科学、技术、政策和法律；（二）开展培训计划、实习、专家交流和项目咨询合作；（三）在森林资源可持续利用和环境保护方面对缔约双方的公共机构、组织提供建议和技术援助；（四）在第 15 届 APEC 会议倡议的亚太恢复与可持续管理网络下促进森林政策对话和技术合作；（五）鼓励共同研究、工作访问、经验交流等其他活动；（六）双方认可的其他活动。 |
| 8 | 中国—新加坡 | **第七章 技术性贸易壁垒，卫生与植物卫生措施**<br>**第五十四条 透明度**<br>对于任何通报，除非出于健康、安全、环境保护或国家安全问题或面临发生此类问题的威胁等考虑而采取更紧急的行动，各方应给予另一方至少 60 天的评议期，供其提交书面评议。<br>**第五十七条 管理职权的保留**<br>二、本章不应：<br>（二）阻止一方采取技术法规和 SPS 措施以确保其进出口产品质量，或保护人类、动物或植物的生命或健康，保护环境，防止欺诈行为或者其他合法目标；<br>**第五十八条 关于附件的最终条款**<br>二、当一方出现或可能出现安全、健康、消费者或环境保护或国家安全的紧急问题时，可以立即全部或者部分暂停任何附件的实施。<br>**第八十七条　参与中国的区域发展**<br>二、注意到中国—新加坡天津生态城重点项目是双边区域发展合作中的另一重要举措，双方同意紧密合作，争取将其建设成为可持续发展的典型，同时加强在环境保护和资源能源节约等领域的合作。 |
| 9 | 中国—哥斯达黎加 | **序言**<br>认识到执行本协定是为了提高生活水平、创造新的就业机会和促进可持续发展。<br>**第一章 初始条款**<br>**第二条 目标** |

| 序号 | 自由贸易协定 | 环境内容 |
| --- | --- | --- |
| 9 | 中国—哥斯达黎加 | （六）确认缔约双方促进贸易的承诺，重申缔约双方实现可持续发展中经济、社会及环境因素适当平衡的愿望；<br>**第七章 贸易技术壁垒**<br>**第七十五条 透明度**<br>除可根据发生或威胁发生的健康、安全和环境风险而采取紧急措施的情况外，各缔约方应给予另一缔约方不少于60天的评议期。<br>**第十一章 贸易关系合作、促进和加强**<br>**第一百二十三条 农业合作**<br>二、（一）在科学调查和技术转移验证领域，包括但不限于：土壤管理和培肥、灌溉和排水，动物营养、在受保护环境下的园艺、加强政府机构、研究机构、院校和商业机构的机构能力建设，溯源性和安全及生物燃油；（三）发展并转化用于提高农业和畜牧业生产质量并降低环境影响的技术；<br>**第十五章 例外**<br>**第一百五十九条 一般例外条款**<br>一、缔约双方理解，并入本协定的GATT 1994第二十条第（二）项所指的措施可包括为保护人类、动物或植物的生命或健康所必需的环境措施，GATT 1994第二十条第（七）项适用于保护生物及非生物的不可再生自然资源的措施，但这些措施的实施不应构成恣意或不合理的歧视手段，或对货物贸易构成变相的限制。<br>二、缔约双方理解，并入本协定的GATS第十四条（二）项所指的措施可包括为保护人类、动物或植物的生命或健康所必需的环境措施，但这些措施的实施不应构成恣意或不合理的歧视手段，或对服务贸易或投资构成变相的限制。 |
| 10 | 中国—瑞士 | **序言**<br>意识到经济发展、社会发展和环境保护是可持续发展中相互依存、相辅相成的组成部分，更紧密的经济伙伴关系可在促进可持续发展方面发挥重要作用；<br>认识到本协定的实施应以促进缔约双方公众福祉为目标，包括提高生活水平，创造新的就业机会和促进与环境保护相一致的可持续发展；<br>**第十二章　环境问题**<br>第12.1条 背景和目标<br>第12.2条 多边环境协定和环境原则<br>第12.3条 促进有利于环境的货物和服务传播<br>第12.4条 国际论坛合作<br>第12.5条 双边合作<br>第12.6条 资源和资金安排<br>第12.7条 实施和协调<br>第12.8条 审议<br>（注：环境问题章节见专栏） |
| 11 | 中国—冰岛 | **序言**<br>注意到经济发展、社会发展和环境保护是可持续发展相互依赖、相互促进的组成部分，更加密切的经济伙伴关系可以在促进可持续发展方面发挥重要作用。<br>**第九十六条 劳动和环境保护**<br>双方将根据《中华人民共和国环境保护总局与冰岛共和国环境部环境合作谅解备忘录》进一步加强沟通与合作。 |

资料来源：作者根据中国商务部网站相关资料整理。

## 8.3 案例分析:《中国—瑞士自由贸易协定》环境章节

《中国—瑞士自由贸易协定》谈判于2011年4月启动,2013年7月6日正式签署,2014年7月1日生效。《中国—瑞士自由贸易协定》正文共16章，包括序言、总则、货物贸易、原产地规则与操作程序、海关程序与贸易便利化、贸易救济、技术性贸易壁垒、卫生与植物卫生措施、服务贸易、投资促进、竞争政策、知识产权保护、环境问题、经济技术合作、机制条款、争端解决和最后条款。此外，协定还包括货物贸易关税减让表、产品特定原产地规则、原产地证书、纺织品标签、服务贸易具体承诺表等11个附件。中瑞双方在协定中，就政府采购、环境、劳工与就业合作、知识产权、竞争等中方以往自贸谈判中很少提及的规则问题达成一致。

《中国—瑞士自由贸易协定》是中国所签署的第一个包含单独环境章节并具有实质内容的自由贸易协定。作为《中国—瑞士自由贸易协定》的第12章，其名称为“环境问题”(ENVIRONMENTAL ISSUES)。主要包括背景和目标、多边环境协定和环境原则、促进有利于环境的产品和服务传播、国际机制中的合作、双边合作、资源和资金安排、实施和协商、审议8个条款，详见专栏8-1。

环境章节重申了双方对以可持续方式促进经济发展和不断提高环境保护水平的意愿。双方一致认为，在实践中通过削弱和降低国内环境法律、法规、政策等已规定的环保标准来鼓励贸易和投资是不合适的，同时，环保标准不应被用作贸易保护主义目的。双方还同意加强合作，规定了双方在环境方面合作的目标、方式、资金安排等内容，重点关注信息和专业知识交流、能力建设和培训、研讨会和讲习班、实习和奖学金，以及关注国际上此方面动态等，以促进有利于环境的货物、服务和技术的传播。

**专栏8-1 《中国—瑞士自由贸易协定》环境章节**

**第十二章 环境问题**

**第12.1条 背景和目标**

一、缔约双方回顾了1972年斯德哥尔摩人类环境宣言、1992年里约环境与发展宣言、1992年环境与发展21世纪议程、2002年约翰内斯堡可持续发展实施计划和2012年里约+20峰会成果文件“我们希望的未来”。

二、缔约双方认识到经济发展、社会发展和环境保护是可持续发展相互依存、相互支持的组成部分。作为可持续发展全球性方针的一部分，缔约双方强调了在环境问题上进行合作所带来的好处。

**第 12.2 条 多边环境协定和环境原则**

一、缔约双方再次承诺，在其法律和实践中有效实施缔约双方均为成员的多边环境协定，以及本协定第 12.1 条中提到的国际文件中体现的环境原则和义务。努力通过各种手段，包括对各自环保法律和法规的有效实施，进一步提高环保水平。

二、缔约双方认识到，通过降低或减少国内环境法律、法规、政策和实践中的保护水平来鼓励贸易和投资是不恰当的。缔约双方同意环保标准不得用于贸易保护主义之目的。

三、缔约双方认识到在制定和实施与环境有关的措施时，考虑科学技术和其他信息以及相关国际准则的重要性。

**第 12.3 条 促进有利于环境的货物和服务传播**

一、缔约双方应努力推动和促进有利于环境的货物、服务和技术的投资和传播。

二、为达第一款之目的，缔约双方同意交换意见，并会考虑在此领域的合作。

三、缔约双方将鼓励企业就有利于环境的货物、服务和技术开展合作。

**第 12.4 条 国际论坛合作**

缔约双方将在缔约双方参与的有关双边、区域和多边论坛上，努力加强在共同关心的环境问题上的合作。

**第 12.5 条 双边合作**

一、缔约双方重申了以环境政策合作为手段以促进本章实施，并根据国家的环境政策目标和各自均为成员的多边环境协定中的义务，进一步提升环境保护水平的重要性。

二、为追求上述目标，缔约双方将以缔约双方之间现有的环境协定和安排为基础，考虑在拥有共同利益的领域开展进一步合作活动。

三、缔约双方间的环境合作将重点关注信息和专业知识交流、能力建设和培训、研讨会和讲习班、实习和奖学金以及关注国际上此方面动态等。上述活动应解决技术合作和转让问题，特别是关于环境友好型技术的合作和转让问题。

**第 12.6 条 资源和资金安排**

忆及里约 +20 峰会成果文件中关于需要从各种渠道调动大量资源并有效使用资金的决定，为了大力支持发展中国家在可持续发展方面的努力，根据缔约双方协商一致和具体项目商定的条款，并考虑到缔约双方不同的社会和经济发展水平，实施环境合作所必需的资源应由缔约双方的主管机构和组织以及私营部门提供。

**第 12.7 条 实施和协调**

一、为促进本章实施及相关沟通事宜，指定以下联络点：

（一）对于中国：中华人民共和国商务部（MOFCOM）

（二）对于瑞士：联邦经济总局（SECO）

二、缔约一方可通过根据第一款中列明的联络点，就本章内发生的任何问题，提请在联合委员会框架内进行协商。缔约双方将尽一切努力达成缔约双方都满意的解决方案。

三、本协定第十五章不适用于本章。如果缔约一方认为另一缔约方行为不符合本章有关条款的规定，其仅可诉诸在联合委员会下举行的双边协商和对话。

**第 12.8 条 审议**

缔约双方应考虑相关的国际动态，在联合委员会上定期审议本章所设目标的进展情况。

## 8.4 中国自由贸易协定环境条款与其他国家的比较及原因分析

通过与其他国家自由贸易协定环境条款的对比分析，可以发现中国自由贸易协定中的环境条款已经和世界同步，处于国际先进水平：

第一，从主体文本内容看，基本涉及所有环境条款。

第 4 章我们分析的所统计的 252 个自由贸易协定中所涉及的环境条款主要包括在例外条款、序言、投资、卫生与植物卫生措施、技术性贸易壁垒、技术合作、政府采购、服务贸易中环境服务部门的市场准入、单独环境章节等，从以上对中国自由贸易协定环境条款的分析可以看出，除了投资和政府采购外，其他都已涉及。但并非任何一个自由贸易协定中包含所有内容。

第二，从单独环境章节看，重点内容也已经包括和涉及。

自由贸易协定中设置单独环境章节是环境条款的最高形式，中国已经有了在自由贸易协定中设置单独环境章节的案例。从《中国—瑞士自由贸易协定》单独环境章节看，其他单独环境章节中所包含的背景和目标、多边环境协定、国内政策执行、环境产品和服务合作、协调机制、争端解决机制、资金和财务安排等都有涉及。

第三，从环境服务市场准入出价水平看，已经处于世界前列。

到目前为止，有五十多个成员在环境服务部门的至少一个分部门做出具体承诺[①]，中国是其中之一。每个分行业部门的承诺总体比较平均，但不是完全承诺，而中国在所有分部门都进行了承诺。从服务提供模式分析，不同服务提供模式各成员承诺水平差异较大。对最重要的模式三—商业存在，大多选择部分承诺，主要是合资限制，而中国在很多自由贸易协定中已经采用了允许外商独资。

第四，从时间上看，中国自由贸易协定环境条款出现较早，不断发展。

中国从 2003 年开始谈自由贸易协定始就涉及环境条款，说明环境条款在中国自由贸易协定诞生之初即有之。与全球自由贸易协定环境条款大幅增加的时段也大体吻合，因为

① 这里欧盟作为一个成员。

2003 年之前的环境条款主要是环境例外。2012 年 70%的自由贸易协定包含环境条款，而中国自由贸易协定包含环境条款的比例超过此数值。

中国之所以推动在自由贸易协定中设置单独环境章节，除了外力因素，内生动力也是重要方面。第一，在自由贸易协定中纳入环境议题有利于环境保护和经济贸易融合及环境保护参与综合决策。环境保护工作不能仅仅关注生产和消费环节，也必须关注流通和贸易环节。环境保护只有融入到经济贸易全过程才能产生全面效果。第二，自由贸易协定中的环境章节和环境服务开放将对推动国内环境政策改革提供必要的激励。自由贸易协定中包含环境章节或条款，以及由此产生的来自外国政府及企业的压力，有助于促进中国国内环境政策改革，提升环境保护机构的组织能力，更新现有法律框架，强化自身的执行机制。第三，自由贸易协定可以推动双边环境合作协定的签署，是双边环境合作协定的重要补充。中国已经签署的自由贸易协定中除《海峡两岸经济合作框架协议》外，双方均已签署相关的环境合作协定，在环境保护领域开展了合作。第四，有利于宣传和树立中国重视环境和保护环境的良好形象。在自由贸易协定中融入环境保护要素，加大环境内容，一方面有利于扩大环境保护合作范围，另一方面也有利于更好地优化贸易行为和质量。

# 9 自由贸易协定环境条款发展趋势分析及对中国的政策建议

自由贸易协定环境条款将向趋多、趋专、趋严综合发展，特别是随着《跨太平洋合作伙伴协定》的签署和实施，环境条款内容更丰富，标准更严格。中国在与瑞士及韩国签署的自由贸易协定中都已有专门的环境章节，未来拟主导亚太自由贸易区建设，对自由贸易协定环境条款设定需要有清晰的认识、明确的战略布局及实施路线图。

## 9.1 自由贸易协定环境条款发展趋势分析

通过分析已实施自由贸易协定的环境条款，以及参考代表 21 世纪自由贸易协定发展方向的《跨太平洋合作伙伴协定》（TPP）环境章节，我们认为自由贸易协定环境条款未来发展趋势如下：

（1）自由贸易协定环境条款数量将进一步大幅增加

自由贸易协定环境条款数量大幅增加将表现在：一是越来越多的自由贸易协定包含环境条款。目前正在谈判的自由贸易协定大幅增加，在谈的自由贸易协定中的环境条款数也大幅增加，例如欧盟—哥伦比亚、欧盟—日本、欧盟—越南、欧盟—新加坡、欧盟—加拿大、新西兰—印度、加拿大—摩纳哥等自由贸易协定都在进行谈判，这些自由贸易协定中都包括环境条款，其中的环境条款数目也有所增加。二是自由贸易协定包含环境条款数目大幅增加。例如，2010 年生效的自由贸易协定环境条款大约增加了 30%，2011 年增加的数目超过 50%，2012 年增加的数目接近 70%。从条款内容上讲主要是环境合作大幅增加，从前几年的 20%左右达到 2012 年的 70%。一般性环境条款也从 10%增加到 40%左右。三是，美国、欧盟等延伸了其自由贸易协定包含环境条款的政治授权，而且在美国、欧盟、加拿大、新西兰等的带动下，自由贸易协定环境条款已经形成轮轴辐射效应，已和这些国家签署过自由贸易协定的国家和地区与其他国家或地区再签署时也会将环境条款作为主要内容。例如智利与美国签署自由贸易协定后，智利和哥伦比亚自由贸易协定包含了单独环境章节，智利和马来西亚、巴拿马、土耳其等自由贸易协定都包含了环境条款，特别是环境合作等内容。韩国情况类似，与美国、欧盟等签署自由贸易协定后，与中国、土耳其等都开始包括更多环境条款。四是，单个国家或地区自由贸易协定的环境条款也在继续增多。例如，日本原来的自由贸易协定环境条款主要关注环境合作，后来签署的比如与秘鲁等的环境条款更具体。

（2）环境条款形式更多样，并集中到设置单独环境章节

自由贸易协定环境条款分布于很多章节中，包括例外条款、序言、投资章节、卫生与植物卫生措施、技术性贸易壁垒、技术合作、政府采购、服务贸易、争端解决、贸易处罚、独立环境章节等，还有在总体目标、运输、能源、贸易便利化、旅游、农业、、渔业、林业、补贴等也都有涉及。存在的形式包括条款、章节、附属协定、附件等。在未来自由贸易协定向高标准发展的趋势下，越来越多的自由贸易协定将会选择将环境议题单独设章。自由贸易协定的环境内容从序言中原则性表述到单独独立章节，从一句话的独立章节到丰富内容。主要原因是美国、欧盟、加拿大、新西兰等在引领自由贸易协定谈判，而其政策都有明确规定要在自由贸易协定中单独设置环境章节。据美国贸易代表办公室 2014 年 1 月 15 日发布的公告，美国在自由贸易协定谈判中环境保护问题的立场是：环境保护是美国的一个核心价值观，美国将坚持自由贸易协定中必须包括一个强有力的、可全面执行的环境章节，否则美国将不会达成协议。

（3）环境条款的性质由原则性表述走向更具体或是约束性义务

2003 年以前生效的自由贸易协定环境条款主要是一般性基本条款，诸如序言、例外、有效实施环境法的承诺等。2003 年以后环境条款从一般性或原则性条款走向更具体的环境条款，诸如环境合作、公众参与、争端解决、涵盖具体的环境问题、关于多边环境协定的具体条款、实施机制等。根据相关统计，2007 年生效的自由贸易协定中有 11%包含了环境争端解决机制，2012 年这一比例达到 56%；关于环境合作，2007 年生效的自由贸易协定中有 22%包含了环境合作，2012 年这一比例达到 67%；同样，公众参与 2007 年的比例是 0，2012 年达到 33%。环境合作是主要内容。

关于是否是约束性义务或者是硬约束义务，主要表现形式是环境条款是否适用于争端解决机制，特别是准司法或司法性质的争端解决机制。自由贸易协定一般包括争端解决条款，有的适用于环境章节，有的排除在外。自由贸易协定的争端解决条款通常包含磋商阶段，然后是正式的争端解决。美国参与的大多数自由贸易协定规定应以货币赔偿的形式给不遵守环境保护条款的行为提供补救。在某个参与国没有支付此类赔偿的情形下，作为最后的措施，可以实施暂停关税优惠的处罚。欧盟参与的自由贸易协定将“执行措施”交给审理争端的司法机构决定，其中包括货币赔偿的办法，但不涉及取消关税优惠。有几个自由贸易协定同意由协定下组成的环境委员会就环境议题接受“公共申诉”，这样的申诉可以得出“事实发现”性质的报告，但不能得出任何有法律约束力的结论。在已有的自由贸易协定实践中，韩美、韩欧等已经将争端解决机制嵌入环境章节，并且不仅仅停留在磋商

层面。面对环境纠纷，发达国家已经打算走得更远，从磋商到专家组再到仲裁等，表明环境纠纷的解决方式已从半司法（软约束）走向了司法（硬约束）。也就是说，环境章节争端解决机制可能建立并从软约束走向硬约束。

（4）环境条款参与主体的范围将扩大

自由贸易协定环境条款的谈判和制定以政府主导，但是未来环境条款的参与主体范围更大，表现形式是透明度或公众参与条款。2002 年以来，美国在自由贸易协定环境章节中都会涉及透明度以及公众参与议题，例如在《美国—澳大利亚自由贸易协定》（2004）中的第 19.5 条（制度安排及公众参与）、《美国—秘鲁自由贸易协定》（2007）中的第 18.7 条（公众参与机会）等均提到了给予公众参与的机会以及公开透明程序。另外，如韩美、韩欧等高水平自由贸易协定中均已纳入透明度和公众参与条款，而且在谈判中也多次强调这是其核心关注，要求更多公众参与自由贸易协定建设。因此在未来自由贸易协定中，美国将会更加增强环境章节的公开透明程序以及公众参与机制，从而增强第三方监督，使环境章节更加具有可执行性。

（5）将自由贸易协定的环境影响作为关注的目标之一

自由贸易协定环境条款的目的是协调贸易与环境关系，实现贸易政策与环境政策目标的统一。为避免贸易对环境的不利影响，美国、加拿大、欧盟和新西兰通常要对他们参与谈判的自由贸易协定进行环境影响评估。1992 年美国率先开展了对北美自由贸易协定的环境影响评价，此后根据 1999 年美国总统签署的 13141 指令以及 2000 年制定的一系列实施指南对美国拟定签署的双边自由贸易协定均要开展环境影响评价。在美国的引领下，一些国家、地区或国际组织也陆续开展了贸易政策环境影响评价实践，开发出 10 多部贸易政策环境影响评价导则，贸易政策环评的理论和方法在国际上已趋于成熟。美国、加拿大和新西兰把评估重点放在考察对各自的国内环境的影响，不过，美国现在也有趋势评估对贸易伙伴国的潜在影响。欧盟着重执行可持续性影响评估，评估的内容除了环境外，还包括经济和社会等可持续发展的综合影响。环境影响评价将成为未来自由贸易协定环境章节中的重要条款。

（6）环境条款的内容更丰富，推动环境技术标准的统一，重申多边环境协定中的义务，加强环境合作

环境条款尤其是具体条款的内容更加丰富和严格。首先是强调环境标准的统一。在现有框架下，美国认为其以前主导建立的全球贸易规则已经不适应 21 世纪经贸活动的要求了。例如，在亚太地区存在非关税壁垒，如绿色壁垒等现象严重。美国认为究其主要原因是贸易协定各国的规则和标准不统一，影响了贸易的自由化与便利化。因此，为继续主导地区和全球贸易格局，美国主张实现规则与标准的一致，要求各国把加入自由贸易协定过程当作一个向美国规则看齐的机会，确保自由贸易协定伙伴运行规则同美国一致，环境标

准也不例外。因此，这也将是未来的一大趋势。其次，多边环境协定几乎是自由贸易协定环境章节中必不可少的内容。之所以在其中强调多边环境协定，主要目的是借助自由贸易协定的约束机制推动多边环境合作及公约履约。为实现可持续发展的目的，加强环境与贸易的关系，多边环境协定在自由贸易协定章节中将会被重点强调，很可能会明确具体的环境公约，并以列表的形式具体列出。在《美国—韩国自由贸易协定》中，韩美双方约定环境章节所涵盖的国际公约包括《濒危野生动植物种国际贸易公约》、《关于消耗臭氧层物质的蒙特利尔议定书》、《海洋污染公约》、《美洲热带金枪鱼公约》、《拉萨姆湿地公约》、《国际管制捕鲸公约》以及《南极海洋生物资源保护公约》七项。美国一般均要求其自由贸易协定伙伴参加这七项多边环境协定公约。另外，环境合作是自由贸易协定中最普遍存在的环境条款，80%自由贸易协定中都包含了环境合作条款。而且，美国等国大多将环境合作放于贸易框架下开展。例如，美国在《北美自由贸易协定》框架下和加拿大、墨西哥等开展了多项环境合作，美国在单纯的环境框架下签署的合作协定或备忘录相对较少。

除此之外，环境产品与服务的开放程度将增强，环境标准一体化、环境政策执行等也将被进一步强调和突出。在发达国家与发展中国家签订的自由贸易协定中，技术援助、能力建设、资金机制等发展中国家关注的条款在一定时期内也仍会存在。

## 9.2 关于自由贸易协定环境条款对中国的建议

基于上述关于自由贸易协定环境条款以及未来发展趋势的分析，考虑到未来中国与美国、欧盟等双边自由贸易协定谈判，以及主导亚太自由贸易区建设等背景，建议中国对自由贸易协定环境条款有清晰认识，明确战略安排和具体路线图。

### 9.2.1 中国自由贸易协定环境条款的基本立场和目标

中国对自由贸易协定环境条款的认识经历了从反对到逐渐接受的过程。在自由贸易协定环境条款日趋增多和日益加强的背景下，中国对自由贸易协定环境条款应有更清晰的定位和明确的目标。

中国设定自由贸易协定环境条款的主要目标应是协调自由贸易协定与环境之间的关系，具体包括两个层面：首先是充分认识贸易活动中环境及可持续发展的重要意义，保证贸易政策和环境政策目标统一，促进全球可持续发展；其次是要确保避免贸易或投资活动对环境产生的不利影响，确保吸引贸易和投资不降低环境标准及环境法律实施。

基本立场应该是：

第一，积极主动参与自由贸易协定环境条款谈判，对于贸易伙伴要求谈判环境条款的自由贸易协定表示支持与合作，同意谈判环境条款，例如未来的中国—美国自由贸易协定谈判以及中国—欧盟自由贸易协定谈判；对于贸易伙伴未要求谈判环境条款的，我国亦可在考虑相关情况下视情主动提出谈判环境条款，例如积极推动在亚太自由贸易区建设和区域全面经济伙伴关系（RCEP）中环境章节的设立。积极主动参与自由贸易协定环境条款谈判一是可以争取主动；二是表明我国处理好环境与贸易关系的意愿，有利于宣传我国积极为全球可持续发展作出贡献和努力；三是避免贸易对环境的不利影响以及通过贸易手段保护环境。

第二，尽量避免高标准和强约束性的条款。在自由贸易协定环境条款中高标准主要指环境标准统一等，强约束性的条款主要指争端解决机制。各国根据各自情况制定自己的环境质量标准以及污染物排放标准，各国技术不同，环境容量也不同，很难用同一把尺子来度量，因此，很难强调环境标准各国统一。关于争端解决机制应该限制在第一个层面，即磋商机制，避免进入第二、三个层面——准司法性以及司法性。另外，关于透明度和公众参与的内容也避免过分强调或具体义务性质的条款。

第三，力推资金机制、能力建设和环境影响评价等保障性条款。自由贸易协定环境条款的实施，特别是环境合作等活动开展需要资金支撑和能力建设。美国的很多自由贸易协定中都设置了资金机制和能力建设，甚至在《北美自由贸易协定》下还设立了专门银行作保障。建议在环境条款特别是环境章节中明确资金机制，提供必要的保障。资金机制可以是双方各自支付或承担自己活动的费用，也可以建立专门基金用于相关活动。对自由贸易协定开展环境影响评价是有效避免贸易对环境影响的重要方式，因此，应将环境影响评价条款作为重要内容，包括事前评价和事后评价。

### 9.2.2 中国自由贸易协定环境条款设置的基本原则

中国自由贸易协定环境条款应当坚持如下原则：

①环境与贸易相称原则。在协调环境与贸易的关系中，引入“相称原则”，即环境措施的实施应使“环境效益”至少等价于“贸易损失”。

②阶段适应原则。合理的环境条款应与中国发展阶段相适应，发展阶段既包括经济发展阶段，也包括环境污染和保护现状，具有灵活性和适应性，为各方政策制定留有空间。

③环境利益和整体利益相结合的原则。作为以建立自由贸易协定为目的而签署的一整套法律文件中的一项重要内容，既要强调环境利益是整体利益的重要组成部分，又要强调环境条款必须服从于国家整体利益。在此前提下进行利益交换，既要在关键议题上出价要价，在损害环境利益的情况下否决，也要在必要的时候灵活处理、权衡利弊。

### 9.2.3 中国自由贸易协定环境条款设置的主要策略

充分认识在自由贸易协定中设置环境条款的直接意义，积极主动地在自由贸易协定中设置环境条款，增加环境条款内容及含量，特别是设置独立的环境章节，开展自由贸易协定的环境影响评价。

（1）明确自由贸易协定环境条款的政治承诺或法律授权

美国、新西兰、欧盟等在自由贸易协定加入环境条款的最重要驱动力就是国内的法律授权，中国要想明确或制度化自由贸易协定的环境条款必须法律授权先行。具体建议：一是，在中国的可持续发展战略或贸易政策中增加环境与贸易相关内容；二是，在自由贸易协定谈判指南中明确将环境内容或章节列入；三是，借鉴日本经验，专门发布一项环境与贸易政策协调的总体性政策声明，具体内容可包括：中国要对全球可持续发展作出积极贡献，强调避免贸易和投资对环境造成不利影响；愿意与其他国家加强环境合作等。

（2）在自由贸易协定中充分使用环境条款，增加环境条款内容及含量

未来主张在自由贸易协定相关条款中增加环境条款，保证在序言中和例外条款中有环境条款，具体建议：一是，在序言中强调保护环境或可持续发展的重要意义，将保护环境或可持续发展作为基本原则。具体表述可以引用《里约宣言》或《21 世纪议程》中的相关表述，强调贸易要以不能破坏可持续发展为原则，或者贸易协定的实施要与可持续发展及环境保护一致。对此应大力宣传并加大相关内容的力度。二是，充分利用例外条款，具体内容可以引用《关税与贸易总协定》第 20 条（b）款的表述“为保护人类、动物或植物的生命或健康所必需的措施”。三是，在投资章节中设定专门条款阐述环境与投资关系，“不能以贬损环境法而鼓励贸易或投资”，具体表述可采用“任何行动都不能解释为阻止一缔约方采取、维护或执行任何措施，除非考虑了合适措施确保投资活动不与环境相冲突”。四是，在服务贸易中酌情考虑环境服务部门的市场准入问题；在技术合作等章节中将环境合作作为合作领域或重要内容之一。具体可规定“开展环境与贸易合作”。五是，在卫生与植物卫生措施、技术性贸易壁垒、政府采购等章节中增加环境相关内容。

（3）建立中国自由贸易协定环境章节示范文本

自由贸易协定中设立独立环境章节已成为发展趋势，为在谈判中争取主动，中国应建立自己的环境章节示范文本。

环境章节示范文本的内容或要素建议包括：明确环境法定义及适用范围；申明环境保护水平，不会因为鼓励贸易和投资而降低环境保护水平；环境法律、法规以及措施等的有效实施，承诺不会因为贸易而贬损各自国内的环境法律等；强调环境与贸易合作；将争端解决机制限制在磋商层面；强调资金机制，明确资金来源和财务安排；明确环

境影响评价，对自由贸易协定环境影响进行定期或不定期评价；明确实施机构及制度安排等。

环境章节示范文本用中文和英文两种语言版本。

（4）对自由贸易协定开展环境影响评价

对中国即将谈判以及生效实施的自由贸易协定开展环境影响评价。首先，要制定自由贸易协定环境影响评价导则；其次，开展自由贸易协定可行性研究，为谈判条款设定提出建议；最后，开展已实施自由贸易协定环境影响评价，为自由贸易协定的评估提出意见。

自由贸易协定环境影响评价导则主要内容及方法建议包括：

①政策分析，对我国国内的环境与贸易相关政策及框架进行梳理。包括分析拟议的贸易政策涉及的行业、政策目标、相应的具体实施方案制定，以及与之相关的其他发展规划、环境保护政策的关系。

②环境现状调查与分析，包括调查、分析环境指标和历史数据变化情况，识别与该行业相关的敏感环境问题以及制约拟议的政策施行的主要因素。

③环境影响识别，包括识别自由贸易协定目标、相关环境指标、实施方案（包括替代方案）的主要环境问题和环境影响。通过专家咨询、类比分析、矩阵法、核查表法等，对贸易政策方案的影响因子、影响范围、时间跨度、影响性质等内容进行识别，编制贸易政策的环境影响识别矩阵，并结合环境目标，选择评价指标。

④评价目标，自贸区协定环评的总体目标是，明确一项（或多项）贸易政策所能带来的环境影响，并在确保贸易政策签署国贸易增长的基础上，减缓由该贸易政策实施所带来的额外环境污染、资源消耗及生态系统破坏。具体而言，评价目标可分解为以下几个方面：

a．调研被评价的贸易政策实施后，引起环境污染的重点行业、产业，论证该贸易政策目标与定位的环境合理性；

b．分析和评价贸易政策的实施将影响到的主要支柱产业的类型、结构、规模与相应的经济及环境影响；

c．通过预测分析，确定贸易政策对本国环境的影响程度，并提出相应对策，以强化对我国有利的环境影响，减缓对我国不利环境影响的配套措施。

⑤评价指标，环境质量影响按照污染载体的形态可大体分为水体、大气、土壤、声环境，而污染物则可相应分为废水、废气、固废、噪声等。自由贸易协定环评主要考察政策实施后在经济贸易部门引发的规模效应、结构效应、技术效应、法规效应等导致的间接影响和直接影响，引起的继发性污染产生和排放的变化以及可能的环境质量变化。

⑥评价范围，明确规定自贸区协定环评的评价范围，原则上需要涵盖某项贸易政策的

环境影响所作用于的一切相关者及范围。具体而言，包括水污染、大气污染、固体废弃物（含电子垃圾）、气候变化（温室效应）及其他生态影响等。

⑦环境影响分析与评价，包括预测和评价不同政策及具体实施方案（包括替代方案）对环境保护目标、环境质量和可持续性的影响。

⑧拟议政策的结论性意见与建议，通过上述各项工作，应对拟议贸易政策执行方案得出下列评价结论中的一种：

a．建议采纳环境可行的推荐执行方案；

b．修改贸易政策目标或政策执行方案；

c．放弃该项政策。

⑨推荐实施方案，针对各具体实施方案（包括替代方案），拟定环境保护对策和措施，确定环境可行的推荐实施方案。

⑩监察、监测与跟踪评价，对于可能产生重大环境影响的自贸区协定贸易政策，在编制政策环境影响评价文件时，应拟定环境监测和跟踪评价计划和实施方案。

⑪公众参与，通过公众参与了解重要的、为公众所关心的环境影响的方面。自贸区协定环境影响评价中的公众参与同时参见《环境影响评价公众参与暂行办法》。充分考虑时间因素和人力、物力和财力等条件，通过一定途径和方式，遵循一定的程序开展政策环境影响评价的公众参与。

根据上述评价内容及方法，建议在开展自由贸易协定谈判之初便进行环境影响评价，将可能产生的环境影响以及应对方案反馈到自由贸易协定谈判中。在自由贸易协定谈判结束时，及时形成最终环境影响评价报告，以备日后其他自由贸易协定谈判参考。同时在自由贸易协定实施之后应该定期对其实施的环境影响进行回顾，具体频率应在自由贸易协定环境章节中进行规定。

（5）慎重对待争端解决机制等约束性强的条款

建议以协商的方式解决环境章节的纠纷。这符合中国一贯的外交政策，也有利于我们把握争端解决的过程和结果。具体内容可表述为“本协定争端解决机制不适用于本章。如果缔约一方认为另一缔约方行为不符合本章有关条款的规定，其仅可诉诸在联合委员会下举行的双边协商和对话。”

### 9.2.4　中国自由贸易协定环境条款谈判的措施保障

自由贸易协定环境条款是否能够有效实施取决于保障措施。首先，建立官产学研谈判机制，形成中央政府主导和引导，研究机构支持，环保企业、环境行业协会以及社会各界积极参与的机制。自由贸易协定环境条款特别是环境章节制定是一项复杂的系统工程，涉及众多领域和方面，影响各行业以及各阶层的利益分配。美国等国在环境与贸易谈判中积极发挥企业的作用，企业代表直接到谈判现场表达其观点和关切，效果好于谈判人员的讲解。而中国目前企业及行业协会参与程度较低。建议中国地方政府、企业、协会、社会组织等利益相关者都参与规则制定，这样可以从开始就可以表达关切，行使话语权，保证核心利益，同时也能使谈判增强说服力，规则更加合理。具体包括：一是，建立环境与贸易谈判专家组，吸收部分企业和行业协会代表参加，使其一开始就参与议题讨论；二是，适当情况下，请部分企业代表到谈判现场表达其核心关注；三是，加强环境与贸易谈判宣传，建立信息通报机制，在媒体上宣传谈判进展及意义和影响，吸引他们的关注及参与。

其次，着力培养环境与贸易研究及谈判的专门人才，加强机构建设。环境与自由贸易协定谈判涉及环境科学、环境合作、经济贸易、法律标准等专业知识，除了这些专业知识外，谈判人员的英语能力，谈判技巧等也与谈判效果直接相关，也就是说，环境与自由贸易协定谈判强调人员的综合素质和能力。为此，随着自由贸易协定谈判的增多，以及环境条款的增加，需要着力培养环境与自由贸易协定谈判的专门人才，组建相对稳定的自由贸易协定环境条款谈判队伍，确保前期研究、谈判和实施三个层面的工作有序顺利开展。

再次，加强自由贸易协定环境议题的基础研究、政策研究和战略研究，系统开展自由贸易协定关于环境与贸易基础性、深度性研究，包括环境与贸易理论研究、贸易政策环境影响评价方法论研究；开展环境议题内容的利弊分析、可行性分析、影响研究等应用性研究；以及开展自由贸易协定中环境议题设置的顶层设计及路线图等战略研究。

最后，还应建立资金保障机制。无论对于实施自由贸易协定中环境章节内的合作条款，还是对签署自由贸易协定进行环境影响评价，都需要充足的资金作为保障，才能确保其有效开展。另外，人才队伍的建设、研究工作的开展也离不开资金的支持。因此，应建立和加强资金保障机制，设立应对自由贸易协定环境条款谈判专项资金。

### 9.2.5 中国自由贸易协定环境条款的实施和落实

开展自由贸易协定环境条款谈判不能脱离实际，造空中楼阁；自由贸易协定环境条款实施需要最终落实落地，不能重谈判、轻实施。自由贸易协定环境条款包括环境服务业市场开放和准入、环保投资、环境技术合作、单独环境章节（包括争端解决机制、协调机制、环评等内容）等。环境条款的落实是复杂的系统工程：一是，充分依托相关环保产业示范园，完成好自由贸易协定环境条款谈判的基础研究、政策、谈判支撑和实施。从内容上可以包括承担环境合作的相关职责、开展环境服务负面清单的制定、环境产品和服务关税和非关税壁垒削减的影响分析等。二是，尽早谋划国内相应政策调整和机制安排。自由贸易协定环境条款中都涉及环境公约履约和执行、争端解决机制适用、设立环境合作委员会机构等问题，自由贸易协定实施需要国内机构安排和政策予以调整，应未雨绸缪。具体应该：设立环境合作委员会秘书处，指定专门专家进入环境合作委员会；对某些调整的政策提前进行调整，例如制定境服务的负面清单；对环境公约国内履行进行梳理和分析，分析其适用于争端解决机制的可行性。

# 参考文献


[1] Abaza，Hussein，Jha，et al. Integrated Assessment of Trade Liberalization and Trade-Related Policies UNEP Country Project-Round II A Synthesis Report[M]. UNEP. 2002.

[2] Akiko YANAI，Environmental provisions in japanese regional trade agreements with developing countries，IDE DISCUSSION PAPER，No.467，2014.

[3] Alberto Ansuategi，Marta Escapa. Economic growth and greenhouse gas emissions[J]. Ecological Economics，2002，40（1）：23-37.

[4] Ariaster B Chimeli，John B Braden. Total Factor Productivity and the Environmental Kuznets curve[J]. Journal of Environmental Economics and Management，2005，49（2）：366-380.

[5] Brantley Liddle，Free trade and the environment-development system[J]. Ecological Economics，2001，39：21-36.

[6] CEC. About the CEC[DB/OL]. http://www.cec.org/Page.asp?PageID=1226&SiteNodeID=310&BL_ExpandID=878. 2015-1-5.

[7] CEC. North American Agreement On Environmental Cooperation[DB/OL]. http://www.cec.org/Page.asp?PageID=1226&SiteNodeID=567. 2015-1-5.

[8] Dale Colyer. Green Trade Agreements[M]. Croydon：CPI Group，2011.

[9] Ebbesson，Jonas. Environmental Assessment of the OECD Multilateral Agreement on Investment[A]. Environmental Assessment of Trade Agreements and Policy[C]. Copenhagen：Nordic Council of Ministers. 1998，63-73.

[10] EPA. About the Office of Environmental Information[DB/OL]. http://www2.epa.gov/aboutepa/about-office-environmental-information-oei. 2015-1-5.

[11] EPA. EPA Organization Chart[DB/OL]. http://www2.epa.gov/aboutepa/epa-organization-chart. 2015-1-5.

[12] Fauchald，Ole Kristian. General Introduction：Environmental Assessment of Trade Agreeanents and Policy[A]. Environmental Assessment of Trade Agreements and Policy[C]. Copenhagen Nordic Council of Ministers. 1998. 11-17.

[13] Gary C Hufbauer，Daniel C Esty，Diana Orejas，et al. Schott. NAFTA and the Environment：Seven Years Later. INATITUTE FOR INTERNATIONAL SCONOMICS.

[14] Grossman G M，Krueger A B. Environmental impacts of a North American Free Trade Agreement. In：Garber P M（Ed.），The U.S.-Mexico Free Trade Agreement[M]. MIT Press，Cambridge，USA，1993.

[15] Henrik Horn. The burden of proof in trade disputes and the environment[J]. Journal of Environmental Economics and Management. 2011，62：15-29.

[16] IISD，UNEP. Environment and Trade a handbook（M）. Canada，2005.

[17] Jintai Lina，Da Pana，etc. China's international trade and air pollution in the United States[J]. PNAS Early Edition，2014.

[18] Larry Karp. The Environment and Trade[J]. The Annual Review of Resource Economics. 2011. 3：397-417.

[19] Matthew A Cole. Trade，the Pollution Haven Hypothesis and the Environmental Kuznets Curve：Examining the Linkages[J]. Ecological Economics，2004，48（1）：71-81.

[20] OECD. Environmental and Regional Trade Agreements 2007[M]. OECD publishing.

[21] OECD. Environmental and Regional Trade Agreements 2008[M]. OECD publishing.

[22] OECD. Environmental and Regional Trade Agreements 2009[M]. OECD publishing.

[23] OECD. Environmental and Regional Trade Agreements 2010[M]. OECD publishing.

[24] OECD. Environmental and Regional Trade Agreements 2011[M]. OECD publishing.

[25] OECD. Environmental and Regional Trade Agreements 2012[M]. OECD publishing.

[26] Richard York，Eugene A Rosa，Thomas Dietz. STIRPAT，IPAT and ImPACT：analytic tools for unpacking the driving forces of environmental impacts[J]. Ecological Economics，2003，46（3），351-365.

[27] Soumyananda Dinda. A theoretical basis for the environmental Kuznets curve[J]. Ecological Economics，2005，53（3）：403-413.

[28] Tae Hyeong Kwon. Decomposition of Factors Determining the Trend of $CO_2$ Emissions From Car Travel in Great Britain（1970-2000）[J]. Eco logical Economics，2005，53（2）：261-275.

[29] Tarasofsky，Richard. Report on the Workshop Methodollogies for Environmental Assessment of Trade Liberalisation Agretnnent[A]. Assessing the Environmental Effects of Trade Liberalisation Agreements Methodologies[C]. OECD. 2000. 11-18.

[30] UN. TRADE AND ENVIRONMENT REVIEW[M]. New York and Geneva，2006.

[31] UNEP. Trade liberalization and the Environment Lessons learned from Bangladesh，Chile，India Philippines，Romania and Uganda A Synthesis Report[M]. 1999.

[32] USTR. CAFTA-DR（Dominican Republic-Central America FTA）[DB/OL]. http://www.ustr.gov/trade-agreements/free-trade-agreements/cafta-dr-dominican-republic-central-america-fta. 2015-1-5.

[33] USTR. Chile Free Trade Agreement[DB/OL]. http://www.ustr.gov/trade-agreements/free-trade-agreements/chile-fta. 2015-1-5.

[34] USTR. Free Trade Agreements Australia[DB/OL]. http://www.ustr.gov/trade-agreements/free-trade-agreements/australian-fta. 2015-1-5.

[35] USTR. Free Trade Agreements Bahrain[DB/OL]. http://www.ustr.gov/trade-agreements/free-trade-agreements/bahrain-fta. 2015-1-5.

[36] USTR. Israel Free Trade Agreement[DB/OL]. http://www.ustr.gov/trade-agreements/free-trade-agreements/israel-fta. 2015-1-5.

[37] USTR. Jordan Free Trade Agreement[DB/OL]. http://www.ustr.gov/trade-agreements/free-trade-agreements/jordan-fta. 2015-1-5.

[38] USTR. Morocco Free Trade Agreement[DB/OL]. http://www.ustr.gov/trade-agreements/free-trade-agreements/morocco-fta. 2015-1-5.

[39] USTR. North American Free Trade Agreement（NAFTA）[DB/OL]. http://www.ustr.gov/trade-agreements/free-trade-agreements/north-american-free-trade-agreement-nafta. 2015-1-5.

[40] USTR. Oman Free Trade Agreement[DB/OL]. http://www.ustr.gov/trade-agreements/free-trade-agreements/oman-fta. 2015-1-5.

[41] USTR. Peru Trade Promotion Agreement[DB/OL]. http://www.ustr.gov/trade-agreements/free-trade-agreements/peru-tpa. 2015-1-5.

[42] USTR. Singapore FTA[DB/OL]. http://www.ustr.gov/trade-agreements/free-trade-agreements/singapore-fta. 2015-1-5.

[43] USTR. Transatlantic Trade and Investment Partnership（T-TIP）[DB/OL]. http://www.ustr.gov/ttip. 2015-1-5.

[44] USTR. Trans-Pacific Partnership（TPP）[DB/OL]. http://www.ustr.gov/tpp. 2015-1-5.

[45] USTR. U.S.-Colombia Trade Agreement[DB/OL]. http://www.ustr.gov/uscolombiatpa. 2015-1-5.

[46] USTR. U.S.-Korea Free Trade Agreement[DB/OL]. http://www.ustr.gov/trade-agreements/free-trade-agreements/korus-fta. 2015-1-5.

[47] USTR. U.S.-Panama Trade Promotion Agreement[DB/OL]. http://www.ustr.gov/trade-agreements/free-trade-agreements/panama-tpa. 2015-1-5.

[48] WTO. List of all RTAs[DB/OL]. http://rtais.wto.org/UI/PublicAllRTAList.aspx. December 19，2014.

[49] Yohei Harashima. Trade and environment negotiations in the WTO：Asian perspectives[J]. Int Environ Agreements. 2008，(8)：17-34.

[50] 边永民. 国际公法案例选[M]. 北京：对外经济贸易大学出版社，2006.

[51] 边永民. 贸易措施的多边环境协议与 WTO 之间的关系[J]. 当代法学，2010（1）：152-160.

[52] 陈按. 中外投资协定中的四大“安全阀”不宜贸然拆除——美、加型 BII 谈判范本关键性争端解决条款剖析[J]. 国际经济法学刊，2006，13（1）：14.

[53] 傅京燕．贸易与环境问题的研究动态与述评[J]．国际贸易问题，2005（10）．

[54] 高秋杰，田明华，吴红梅．贸易与环境问题的研究进展与述评[J]．世界贸易组织动态与研究，2011，18（1）．

[55] 郭红燕，刘民权．贸易与环境[M]．北京：科学出版社，2010．

[56] 李丽平，毛显强，刘峥延，等．加入 WTO 对中国环境的影响及对策初步研究[J]．中国人口·资源与环境，2014（S2）．

[57] 李丽平，原庆丹，等. 环境服务贸易发展报告[M]. 北京：中国环境科学出版社，2012.

[58] 李丽平，张彬，陈超．TPP 环境议题动向、原因及对我国的影响[J]．对外经贸实务，2014（7）．

[59] 李丽平，张彬．APEC 环境产品与服务合作进程、趋势及对策[J]．亚太经济，2014（2）．

[60] 李丽平，张彬．转型下的制药行业“治污良方”[J]．环境经济，2013（12）．

[61] 李丽平．促进环境与贸易协调构建绿色贸易体系[J]．环境经济，2012（6）．

[62] 李玉文，徐中民，王勇，等．环境库兹涅茨曲线研究进展[J]．中国人口·资源与环境，2005，15（5）．

[63] 联合国环境署规划署技术、工业与经济部经济与贸易处，国际可持续发展研究所著，国冬梅翻译．环境与贸易手册[M]. 北京：学苑出版社，2002.

[64] 刘林奇．对外贸易与环境问题关系研究综述[J]．经济师，2008（6）．

[65] 孟夏．亚太区域经济合作发展报告[M]．北京：高等教育出版社，2014，10.

[66] 钱玉山．环境议题与全球贸易[J]．能源环境保护，2013，27（1）．

[67] 许士春．贸易与环境问题的研究现状与启示[J]．国际贸易问题，2006（7）．

[68] 杨静. 自由贸易协定知识产权条款研究[M]. 北京：法律出版社，2013：8.

[69] 印辉．WTO 环境规划研究[M]．北京：知识产权出版社，2008．

[70] 张彬，李丽平，柴琪．以“稀土案”为例试论中国环保如何融入国际贸易框架[J]．环境保护，2014（8）．

[71] 张彬，李丽平．国际贸易和跨国投资与全球环境治理[J]．环境与可持续发展，2013（1）．

[72] 张海滨．环境与国际关系：全球环境问题的理性思考[M]．上海：上海人民出版社，2008.

[73] 朱洪. 自由贸易协定—中国与发展中国家南南合作的新桥梁[J]. 国际贸易，2009（9）.